JN103084

道徳科のカリキュラム・マネジメントを実現する

年間指導計画作り

中野真悟 著

溪水社

はじめに

　このたびは、本書「研究授業の単元も作れるようになる！道徳科のカリキュラム・マネジメントを実現する年間指導計画作り」を手にとってくださり、ありがとうございます。平成３０年度から、小学校で特別教科化した道徳の時間（以下、「道徳科」と呼びます）が始まり、平成３１年度からは中学校でも特別教科化が始まりました。現場の各校では、道徳科の研究授業や、道徳教育の実践研究をしている先生も増えているようです。文部科学省は、カリキュラム・マネジメントを行うことも現場に求めています。

　道徳の時間は昔から行われていますが、小中学校の現場ではいまだに苦手意識をもつ先生が多く、あまり研究が進んでいない分野があります。その１つが、本書のタイトルにもなっている、「道徳科の年間指導計画作り」です。国語や算数などの教科であれば、教科書通りにやっておけば体系的な学習ができるのに、道徳科の授業を体系的に行うためには、授業を行う順番を先生方が自分で考えなければいけません。それなのに、年間指導計画の作り方が現場の先生方にはまだまだ浸透していないのです。

　年間指導計画って、どうやって作るのでしょう？年間指導計画を作るときは、どんなことに気をつければよいのでしょう？

　私はそんな疑問をもたれた先生方に対して、年間指導計画にはどのような注意点があり、どうやって作成すればよいのかを考える本を作りたいと思いました。

　第１章では、学習指導要領やその解説書に書かれている、道徳科の年間指導計画を作成する上で絶対に外せないことを紹介します（とっても大切です）。

　第２章では、「ストーリー配列法」というキーワードを核として、授業を行う順番の決め方を説明します。この章では、単元の作り方も紹介します。研究授業を行うことになり、複数時間の道徳科の授業で構成した単元や、道徳科と他の教育活動を関連づけた単元を作ることになっても、この章を読めば安心です。

　第３章では、実際に単元を作る練習問題を用意しました。ただ本を読むだけでは、なかなか年間指導計画を作る技術が身につきませんよね。単元作りにチャレンジすることで、どんどん上達すると思います。

　第４章では、道徳科の評価を踏まえた、年間指導計画のカリキュラム・マネジメントの考え方について紹介します。

　最後になりましたが、本書の執筆に関してご尽力いただきました渓水社様の木村逸司様や宇津宮沙紀様に対し、心より御礼申し上げます。また、イラストレーターのyukimilk様には、心温まるイラストを描いていただき、とても感謝しています。本書が多くの先生方にご活用いただき、各校における児童生徒の健やかな成長に少しでも寄与できることを願っています。

中野　真悟

道徳科のカリキュラム・マネジメントを実現する

年間指導計画作り

第1章
道徳科の年間指導計画とは

1　道徳科の年間指導計画作成と教科書

　小学校では平成３０年度から、中学校では平成３１年度から、ついに「特別の教科
道徳」の授業が始まりました。教科書が配布されるようになり、現場ではこれまで以上
に道徳科を頑張ってみえる先生がたくさんおられるのではないかと思っています。

　しかし、教科書が配布されても、１時間１時間の道徳科の授業をどのような順番で行
うかという「主題の配列」について、困っているというお話を多くの先生方から耳にし
ます。年度始めには、どのような内容をどのような順番で行うかという道徳科の年間指
導計画を作成します。そして、それに基づいて１年間の授業を行うことになるのですが、
主題の配列法が分からない学校は、とりあえず教科書通りに年間指導計画を作成した上
で、実際は場当たり的に主題を選んで授業を行うということもあるようです。

　本来、児童生徒や学校、地域の実態を考慮しながら作成する必要のある道徳科の年間
指導計画は、児童生徒の道徳性の実態が多様である以上、画一的なものを作ることがで
きません。ところが、道徳科の教科書は８社から出版されていますが、授業で扱う主題
の配列法の方針は、教科書会社によって多種多様になっているのです。国語や算数、理
科などの教科では、とりあえず教科書通りにやっておけば１年間使える、という安心感
がありましたが、道徳科の教科書はそうとは限らないのです。中には、他教科のように
教科書順でも使える教科書があるのですが、これまで副読本から主題の配列を考えてき
た先生にとっては、それが逆に使いづらい原因となることもあるそうです。一方、教科
書順で使えない教科書は、主題の配列法が分からない先生にとっては、使いづらい教科
書となっています。

　そこで本書では、現場の先生方が道徳科の年間指導計画を作成・運用する際に、どの
ようなことに気をつけるとよいのかについてをまとめてみることにしました。道徳科の
授業を行う教材の順番は、どのようにカリキュラム・マネジメントすればよいのでしょ
うか。各教科や、総合的な学習の時間及び特別活動（これを「各教科等」と呼称します）
と関連付けて、教科横断的な年間指導計画を作るにはどうすればよいのでしょうか。研
究授業に向けて、複数時間の単元を作るには、どうすればよいのでしょうか。本書では、
このようなことを一緒に考えていきたいと思います。

　第1章ではまず、道徳科の年間指導計画に関して、作成や運用のときに守らなくては

いけないこと、配慮することなどについて、学習指導要領や学習指導要領解説書に基づいて紹介します。ここで扱う内容は、年間指導計画を作成するために知っておくべき、非常に重要なことばかりです。第1章では開始早々から、かたい文章がいくつか出てきますが、ご了承ください（涙）。第1章から第2章へと読み進めていくと、第1章で述べた内容がつながってくるということが実感できると思います。

2　教科書カリキュラムとカリキュラム・マネジメント

　国語や算数などの多くの教科においては、教科書の内容や掲載順（これを「教科書カリキュラム」と呼ぶことにします）で授業を行えば、全国どこの学校で使っても、ある程度の系統的な学習を行えるという利点があります。しかし、学校ごとに子どもの実態は異なります。そのため、「教科書を教える」のではなく、「教科書で教える」のだ、という言葉もあります。

　それに対して文部科学省は、学校現場でカリキュラム・マネジメントを求めています。カリキュラム・マネジメントとは、「学習指導要領等を受け止めつつ、子供たちの姿や地域の実情等を踏まえて、各学校が設定する学校教育目標を実現するために、学習指導要領等に基づき教育課程を編成し、それを実施・評価し改善していくこと」だと言われています。だからこそ現場では、教科書カリキュラムを土台としつつも、担当する児童生徒の実態に合わせて、さらには学校や地域の実態も考慮しながら、適切な内容や順番で授業を行う必要があるのです。

　道徳教育や道徳科の学習は他教科に比べて、実態を把握して改善する必要性が特に強いです。なぜなら、学校や地域ごとに、児童生徒の道徳性の実態には大きな違いがあるからです。それにもかかわらず、全国どこでも同じ教科書カリキュラムで授業を行ってしまうと、異なる道徳性をもった児童生徒に対して、実態に合わない画一的な道徳教育を行うことになります。正に、カリキュラム・マネジメントの目指すものとは正反対の事態を生み出すことでしょう。このような事態を「カリキュラム・オナジ（同じ）メント」とでも呼ぶならば、これは絶対に避けなければいけません。

　それに加えて、年間35時間の間にどの内容項目を何回扱うのかや、授業で扱う教材は、教科書ごとに異なっています。前述のように、配列順も教科書ごとに異なっています。

　このようなことから、教科書を用いて道徳科の授業をしたり、年間指導計画を作ったりするためには、「教科書カリキュラムをカリキュラム・マネジメントする必要がある」、ということが分かると思います。

3　道徳科の年間指導計画作りの土台となるもの

　各学年・各学級において、道徳科の年間指導計画を作るためには、先にやっておかなければならないことがあります。それは、道徳科の時間を含めた、「学校教育全体における道徳教育の全体計画」を作ることです。

　そして、それを作るためには、その前に「学校の道徳教育の重点目標」を設定しておく必要があります。これをふまえて、道徳科の年間指導計画作りに至る手順を説明していきたいと思います。

（1）学校の道徳教育の重点目標

　重点目標とは、「重点的指導を行うための目標」のことです。学校の道徳教育の重点目標を設定するためには、「児童生徒や学校、地域の実態」を考慮する必要があります。学級や学年の児童生徒には、どんな道徳性の傾向があるのでしょうか。また、学校や地域には、どんな実態があるのでしょうか。それを考えれば、どのような重点目標を設定すべきなのかが見えてきます。

　中学校で考えてみましょう。学習指導要領では、重点的指導という言葉について、「各内容項目の充実を図る中で、各学校として更に重点的に指導したい内容項目をその中から選び、多様な指導を工夫することによって、内容項目全体の指導を一層効果的に行うこと」と書かれています。ですから、重点目標を設定するには、「更に重点的に指導したい内容項目選び」を行えばよいということです。

　例えば、ある中学校では、中学生らしい挨拶ができない生徒が多い、という実態があったとします。すると、重点指導項目として、B［礼儀］の内容項目を選ぶことが考えられます。その場合の重点目標は、「礼儀の意味を理解して挨拶できる生徒の育成」や、「時と場に応じた適切な言動をとる生徒を育てる」などになるでしょう。

　さらに詳しく考えてみます。中学校学習指導要領では、「小学校における道徳教育の指導内容を更に発展させ、自立心や自律性を高め、規律ある生活をすること、生命を尊重する心や自らの弱さを克服して気高く生きようとする心を育てること、法やきまりの意義に関する理解を深めること、自らの将来の生き方を考え主体的に社会の形成に参画する意欲と態度を養うこと、伝統と文化を尊重し、それらを育んできた我が国と郷土を愛するとともに、他国を尊重すること、国際社会に生きる日本人としての自覚を身に付けることに留意すること。」を求めています。いきなり長い文章が出てきましたが、各学年の道徳教育の重点目標を設定する際は、このことにも留意して重点指導項目を選定する必要があるということです。

　また、中学生の発達段階を考えると、小学生の児童に求めるようなことを重点目標として設定する、ということは避けたいものです。例えば、「身の回りのことをきちんと

行う」ということを、中学生の重点指導項目としてしてしまうと、まるで小学校の低学年みたいですよね。小中学校学習指導要領では、各学年段階の留意事項が述べられているので、それをまとめた**図1**を用意しました。これを参考に、各学年の重点目標を設定するとよいと思います。**図1**を見ると、学年段階が上がるごとに、重点化において留意する事項も発展していることがわかると思います。ここに、「児童生徒や学校、地域の実態」も加味できれば、学校の道徳教育の重点目標がよりよいものになることでしょう。

		小学校第1〜2学年	小学校第3〜4学年	小学校第5〜6学年	中学校
A	自立，自律	＜各学年共通＞自立心や自律性を育てる			自立心や自律性を高める
	節度，節制	挨拶などの基本的な生活習慣を身に付ける			規律ある生活をする
	正直，誠実	善悪を判断し，してはならないことをしない	善悪を判断し，正しいと判断したことを行う		
B	思いやり	＜各学年共通＞他者を思いやる心を育てる			
	相互理解，寛容			相手の考え方や立場を理解して支え合う	
C	規則の尊重	社会生活上のきまりを守る	集団や社会のきまりを守る	法やきまりの意義を理解して進んで守る	法やきまりの意義に関する理解を深める
	集団生活の充実		身近な人々と協力し助け合う	集団生活の充実に努める	
	伝統と文化の尊重，国や郷土を愛する態度			伝統と文化を尊重し，それらを育んできた我が国と郷土を愛する	伝統と文化を尊重し，それらを育んできた我が国と郷土を愛する
	国際理解			他国を尊重する	他国を尊重する
					国際社会に生きる日本人としての自覚を身に付ける
	社会参画				自らの将来の生き方を考え主体的に社会の形成に参画する意欲と態度を養う
D	生命の尊さ	＜各学年共通＞生命を尊重する心を育てる			生命を尊重する心を育てる
	よりよく生きる喜び				自らの弱さを克服して気高く生きようとする心を育てる

図1　発達の段階や特性等を踏まえた、重点化の際の留意事項

6

　ただし、ただの生活指導の目標と混同しないように気をつけましょう。小学校や中学校の道徳教育の目標は、「教育基本法及び学校教育法に定められた教育の根本精神に基づき、自己の生き方を考え、主体的な判断の下に行動し、自立した人間として他者と共によりよく生きるための基盤となる道徳性を養うこと」です。この目標から外れ、ある行動のみを身につけさせるような目標は避けたいところです。

（2）道徳教育の全体計画

　続いて作成するのは、道徳教育の全体計画です。ここでは、学校の道徳教育の重点目標に加えて、さらに示すべきものがあります。学習指導要領では、全体計画で示すべきものとして、次の4点を挙げています。これらのことを示すことで、当該校における道徳教育の全体像が明らかになります。

- ・学校の道徳教育の重点目標
- ・道徳科の指導方針
- ・各教科等との連携の方法（指導内容や時期）
- ・家庭や地域社会との連携の方法

　小学校と中学校について、道徳教育の全体計画の例を次ページに示しておきますので、参考にしてくださると幸いです（文字がとても小さいので、ご注意ください）。

☆道徳教育の全体計画例（小学校）

道徳教育の全体計画　　　　　　　　＿＿＿立＿＿＿小学校

学校の教育目標
- ・日本国憲法
- ・教育基本法
- ・学校教育法
- ・学習指導要領
- ・教育委員会の教育目標

○どんな命もたいせつにする子
○うんどうを自分から楽しむ子
○ともだちを思いやる子
○くるしいときでもがんばる子

- ・時代や社会の要請や課題
- ・学校や地域の実態と課題
- ・教師や保護者、地域の願い
- ・児童の実態や発達の段階

道徳教育の重点目標
A．善悪を判断して行動し、自立・自律して生活できる子
B．思いやりの心をもって礼儀正しく人と関わる子
C．きまりを守り、集団生活の充実のために自ら働く子
D．生命あるものを大切にする子

特別活動
多様な他者の意見を尊重しようとする態度、自己の役割や責任を果たして生活しようとする態度、よりよい人間関係を形成しようとする態度、みんなのために進んで働こうとする態度、自分たちできまりや約束をつくって守ろうとする態度、目標をもって諸問題を解決しようとする態度、自己のよさや可能性を大切にして集団活動を行おうとする態度を育てる。

学級活動
学級や学校の生活づくりへの参画を行う。日常の生活や学習に適応する。自己の成長及び健康安全について理解を深める。社会参画意識を醸成する。働くことの意義への理解を深める。

児童会活動
学校におけるよりよい生活を築くために、諸問題を見いだし、これを自主的に取り上げ、協力して解決していく自発的、自治的な活動を行う。

学校行事
集団宿泊活動やボランティア活動、幼児や高齢者、障害のある人々などとの触れ合い、文化や芸術に親しむ体験を行う。

各教科

国語	人との関わりの中で伝え合う力を高める。思考力や想像力を養う。
社会	地域社会に対する誇りと愛情、我が国の国土と歴史に対する愛情を涵養する。
算数	日常の事象を数理的に捉え、見通しをもち、筋道を立てて考察する力を育てる。
理科	自然を愛する心情を育てる。見通しをもって観察、実験を行う。問題解決の力を育てる。
生活	自然との関わりに関心をもつ。自分自身について考えさせる。生活習慣を身に付ける。
音楽	音楽を愛好する心情と音楽に対する感性を育む。音楽に親しむ態度を養う。
図工	つくりだす喜びを味わわせる。楽しく豊かな生活を創造しようとする態度を養う。
家庭	日常生活に必要な知識や技能を身に付ける。家庭生活を大切にする心情を育む。
体育	自己の課題の解決に向けて運動する。集団で楽しくゲームをする。健康・安全について理解する。
外国語	外国語の背景にある文化への理解を深める。他者に配慮し主体的にコミュニケーションを図ろうとする態度を養う。

各学年の重点目標

	低学年	中学年	高学年
Aの視点	善悪を判断して行動し、規則正しい生活をする。「善悪の判断、自律、自由と責任」「節度、節制」	善悪を判断して行動し、自律して節度のある生活をする。「善悪の判断、自律、自由と責任」「節度、節制」	自律的に判断して責任のある行動をとり、節度を守り節制に心に掛ける。「善悪の判断、自律、自由と責任」「節度、節制」
Bの視点	身近な人に親切にし、気持ちのよい挨拶で他者と関わる。「親切、思いやり」「礼儀」	相手を思いやって親切にし、誰に対しても真心をもって接する。「親切、思いやり」「礼儀」	誰に対しても思いやりの心をもって親切にし、時と場をわきまえて接する。「親切、思いやり」「礼儀」
Cの視点	約束やきまりを守り、みんなのために働く。「規則の尊重」「勤労、公共の精神」	約束やきまりを守り、進んでみんなのために働く。「規則の尊重」「勤労、公共の精神」	法やきまりの意義を理解して守り、公共のために働く。「規則の尊重」「勤労、公共の精神」
Dの視点	動植物に優しい心で接し、生命を大切にする。「生命の尊さ」	自然や動植物など、生命あるものを大切にする。「生命の尊さ」「自然愛護」	自然環境や生命を尊重する。「生命の尊さ」「自然愛護」

生徒指導
- ・日常生活において、物事を多面的・多角的に考え、自らの判断により、適切な行為を選択し、実践するなど、道徳教育の指導内容が児童の日常生活に生かされるようにする。
- ・いじめの防止や安全の確保といった課題について、道徳教育の特質を生かし、よりよく生きるための基盤となる道徳性を養うことで、児童がそれらの課題に主体的に関わることができるようにする。

道徳科
- ・道徳的諸価値についての理解を基に、自己を見つめ、物事を多面的・多角的に考え、自己の生き方についての考えを深める学習を通して、道徳的な判断力、心情、実践意欲と態度を育てる。
- ・道徳科が学校の道徳教育の要としての役割を果たすことができるよう、計画的・発展的な指導を行う。各教科、外国語活動、総合的な学習の時間及び特別活動における道徳教育としては取り扱う機会が十分でない内容項目に関わる指導を補う。児童や学校の実態等を踏まえて指導をよりいっそう深める。内容項目の相互の関連を捉え直したり発展させたりする。
- ・児童が多様な感じ方や考え方に接する中で、考えを深め、判断し、表現する力などを育むことができるよう、自分の考えを基に話し合ったり書いたりするなどの言語活動を充実する。
- ・児童の発達の段階や特性等を考慮し、指導のねらいに即して、問題解決的な学習、道徳的行為に関する体験的な学習等を適切に取り入れるなど、指導方法を工夫する。

総合的な学習の時間
探究的な見方・考え方を働かせ、横断的・総合的な学習を行うことを通して、よりよく課題を解決し、自己の生き方を考えていくための資質・能力を育成する。

外国語活動
言語やその背景にある文化に対する理解を深める。相手に配慮しながら、主体的に外国語を用いてコミュニケーションを図ろうとする態度を養う。

教育環境の整備
- ・言語環境の充実
- ・整理整頓され掃除の行き届いた校舎や教室の整備
- ・児童が親しみをもって接することのできる身近な動植物の飼育栽培
- ・各種掲示物の工夫

豊かな体験活動
- ・集団宿泊活動
- ・ボランティア活動
- ・自然体験活動
- ・地域の関係機関・団体等で行う地域社会振興の行事や奉仕活動、自然体験活動、防災訓練などへの参加

家庭・地域等との連携
- ・学校の道徳教育の全体計画や道徳教育に関する諸活動などの情報を積極的に公表する。
- ・道徳教育の充実のために家庭や地域の人々の積極的な参加や協力を得る。
- ・家庭や地域社会との共通理解を深め、相互の連携を図る。

8

☆道徳教育の全体計画例（中学校）

道徳教育の全体計画　　　　＿＿＿立＿＿＿中学校

学校の教育目標

・日本国憲法
・教育基本法
・学校教育法
・学習指導要領
・教育委員会の教育目標

○自他の生命を大切にする子
○高い目標の実現のために自ら努力する子
○誰に対しても思いやりの心をもって関わる子
○よりよい社会づくりに貢献する子

・時代や社会の要請や課題
・学校や地域の実態と課題
・教師や保護者、地域の願い
・生徒の実態や発達の段階

道徳教育の重点目標

A．自立心や自律性をもち、規律ある生活をする子
B．それぞれの個性や立場を尊重して人と関わる子
C．自らの将来の生き方を考え主体的に社会の形成に参画する子
D．かけがえのない生命を尊重する子

特別活動

自他の個性や立場を尊重しようとする態度、義務を果たそうとする態度、よりよい人間関係を深めようとする態度、社会に貢献しようとする態度、自分たちで約束をつくって守ろうとする態度、より高い目標を設定し諸問題を解決しようとする態度、自己のよさや可能性を大切にして集団活動を行おうとする態度を育てる。

学級活動

学級や学校における生活づくりへの参画を行う。日常の生活や学習に適応する。自己の成長及び健康安全について理解を深める。社会参画意識の醸成や勤労観・職業観の形成を図る。

生徒会活動

学校におけるよりよい生活を築くために、問題を見いだし、これを自主的に取り上げ、協力して課題解決していく自発的、自治的な活動を行う。

学校行事

職場体験活動や社会体験、自然体験、幼小児童や高齢者、障害のある人々などとの触れ合い、文化や芸術に親しむ体験を行う。

各学年の重点目標

	第1学年	第2学年	第3学年
Aの視点	自律の精神を重んじ、自主的に考え、望ましい生活習慣を身につける。「自主，自律，自由と責任」「節度，節制」	自律の精神を重んじ、自主的に考え、節度を守り節制に心がける。「自主，自律，自由と責任」「節度，節制」	自律の精神を重んじ、自主的に考え、安全で調和のある生活をする。「自主，自律，自由と責任」「節度，節制」
Bの視点	自分の考えや意見を相手に伝えるとともに、それぞれの個性や立場を尊重する。「相互理解，寛容」	それぞれの個性や立場を尊重し、いろいろなものの見方や考え方があることを理解する。「相互理解，寛容」	それぞれの個性や立場を尊重し、寛容の心をもって謙虚に他に学び、自らを高めていく。「相互理解，寛容」
Cの視点	社会参画の意識と社会連帯の自覚を高める。「社会参画，公共の精神」	社会参画の意識と社会連帯の自覚を高め、よりよい社会について考える。「社会参画，公共の精神」	社会参画の意識と社会連帯の自覚を高め、よりよい社会の実現に努める。「社会参画，公共の精神」
Dの視点	生命の尊さについて考え、かけがえのない生命を尊重する。「生命の尊さ」	生命の尊さについて理解を深め、かけがえのない生命を尊重する。「生命の尊さ」	生命の尊さを、その連続性や有限性なども含めて理解し、尊重する。「生命の尊さ」

各教科

国語　社会生活における人との関わりの中で伝え合う力を高める。思考力や想像力を養う。言語感覚を豊かにする。

社会　グローバル化する国際社会で主体的に生きる、平和で民主的な国家及び社会の形成者に必要な公民としての資質・能力の基礎を育成する。

数学　数学を活用して事象を論理的に考察する力、数量や図形などの性質を見いだし統合的・発展的に考察する力、数学的な表現を用いて事象を簡潔・明瞭・的確に表現する力を高める。

理科　自然と人間との関わりを認識させる。科学的に探究する力を育て、科学的に探究しようとする態度を養う。

音楽　音楽を愛好する心情と音楽に対する感性を育む。音楽による豊かな情操を養う。

美術　美術の創造活動の喜びを味わい、美術を愛好する心情を育み、感性を豊かにし、心豊かな生活を創造していく態度を養い、豊かな情操を培う。

保健体育　粘り強くやり遂げる、ルールを守る、集団に参加し協力する、一人一人の違いを大切にする態度を養う。健康・安全についての理解を深める。

技術家庭　生活を工夫し創造する資質・能力を身につける。進んで生活を工夫し創造しようとする資質・能力を育てる。

外国語　外国語の背景にある文化に対する理解を深める。聞き手、読み手、話し手、書き手に配慮する力を養う。

生徒指導

・日常生活のさまざまな場面で意図的、計画的に学習の機会を設け、生徒が多様な意見にふれ、学び合いながら、物事を多面的・多角的に考え、自らの判断により適切な行為を選択し、実践するなど、道徳教育の指導内容が生徒の日常生活に生かされるようにする。
・いじめの防止や安全の確保といった課題について、道徳教育や道徳科の特質を生かし、よりよく生きるための基盤となる道徳性を養うことで、生徒がそれらの課題に主体的に関わることができるようにする。

道徳科

・道徳的諸価値についての理解を基に、自己を見つめ、物事を広い視野から多面的・多角的に考え、人間としての生き方についての考えを深める学習を通して、道徳的な判断力、心情、実践意欲と態度を育てる。
・道徳科が学校の教育活動全体を通じて行う道徳教育の要としての役割を果たすことができるよう、計画的・発展的な指導を行う。各教科、総合的な学習の時間及び特別活動における道徳教育としては取り扱う機会が十分でない内容項目に関わる指導を補う。生徒や学校の実態等を踏まえて指導をよりいっそう深める。内容項目の相互の関連を見直したり発展させたりする。
・さまざまな価値観について多面的・多角的な視点から振り返って考える機会を設ける。生徒が多様な見方や考え方に接しながら、さらに新しい見方や考え方を生み出していくことができるよう留意する。
・生徒の発達の段階や特性等を考慮し、指導のねらいに即して、問題解決的な学習、道徳的行為に関する体験的な学習等を適切に取り入れるなど、指導方法を工夫する。

総合的な学習の時間

探究的な見方・考え方を働かせ、横断的・総合的な学習を行うことを通して、よりよく課題を解決し、自己の生き方を考えていくための資質・能力を育成する。

環境の整備

・言語環境の充実
・整理整頓され掃除の行き届いた校舎や教室の整備
・生徒が親しみをもって接することのできる身近な動植物の飼育栽培
・各種掲示物の工夫

豊かな体験活動の充実

・共に学ぶ楽しさや自己の成長に気づく喜びを実感させ、他者、社会、自然・環境との関わりの中で共に生きる自分への自信をもたせる。
・地域の関係機関・団体等で行う地域振興の行事や奉仕活動、自然体験活動、防災訓練などに学校や学年として参加する。

家庭・地域等との連携

・学校の道徳教育の全体計画や道徳教育に関する諸活動などの情報を積極的に公表する。
・道徳教育の充実のために家庭や地域の人々の積極的な参加や協力を得る。
・家庭や地域社会との共通理解を深め、相互の連携を図る。

9

（3）道徳科と道徳教育の違い

　道徳教育の全体計画が作成できたら、それに基づいて、いよいよ道徳科の年間指導計画作りを行います。しかし、ときどき混同されるのですが、「学校の教育活動全体を通して行う道徳教育」と「道徳科の授業」は、全く同じものではありません。

　道徳科の授業は、「学校の教育活動全体を通じて行う道徳教育の『要』」としての役割をもっています。そのため、道徳科の年間指導計画を作る際には、各教科等における道徳教育活動との関連も考慮する必要があるのです。このことをご承知おきください。

4　道徳科の年間指導計画を作るうえで考慮すべきこと

　道徳科の年間指導計画を作るうえで、考慮すべきことはどんなことでしょう。学習指導要領の解説書には、次の5点が書かれています。

（1）主題の性格を考慮する
（2）他の教育活動（各教科等、体験活動）との関連を考慮する
（3）季節的変化を考慮する
（4）複数時間の関連を図る
（5）重点的指導を工夫する

（1）主題の性格を考慮する

　道徳科の年間指導計画を作るとき、配列するのは、ねらいと教材から構成された、「主題」です。これは、教科書の最初に書いてある、「礼儀について考える」「本当の思いやりとは」などの、本時のテーマのことです。ここで、ねらいと関連しているのが、「内容項目」です。年間指導計画を作る際には、一つ一つの主題がどのような特徴をもっているのかを考えて配列することが求められます。

　しかし本書では、「主題の配列」と書きながら、実際は「内容項目の配列」を書くことが今後多くあります。それには、いくつかの理由があります。

　まず、せっかく望ましい主題が準備できても、年度が替わることで教科書が変わると、扱える教材も変わります。そうなると、次年度以降に同じ主題を構成することができなくなります。そのため、年間指導計画を作る際には、「主題」ではなく「内容項目」から配列を考えることが多くなってしまうのです。

　また、児童生徒に合わせたねらいを考えても、それに適した教材がなく、主題が構成できないことがあります。他にも、年度によって児童生徒の道徳性の傾向が異なる場合は、昨年度に構成した主題が、今年度では適さず、ねらいを考え直すこともあります。このようなことから、本来は「主題」の配列ですが、第2章以降で配列法について述べる際に、「内容項目」の配列について書くことがありますので、ご了承ください。

　このようなことを考えると、一度作った年間指導計画を、何年も使いっぱなしにするというのはありえないということが分かるはずです。毎年度、年間指導計画を作成する時期にはカリキュラム・マネジメントの視点をもつことが必要となります。児童生徒や学校、地域の実態に合った主題を、ねらいと教材から構成しましょう。

（2）他の教育活動（各教科等、体験活動）との関連を考慮する

　道徳科の授業と、各教科等における教育活動を関連づけると、次のような２つの効果が期待できます。

> ・道徳科の授業の学びを、各教科等の学習の学びの質の向上や、
> 　活動に取り組む態度の向上につなげることができる
> ・各教科等で習熟した学習やスキルを、道徳科の授業の学びの質の向上や、
> 　学習態度の向上につなげることができる

　関連づけるやり方の基本は、「学ぶ時期を合わせる」ことや、「教材の内容を合わせる」ことです。例えば、宿泊学習が行われる時期に、宿泊学習の物語の教材を扱うということが考えられます。

　ここで、気をつけてほしいことがあります。それは、「それぞれの教育活動は、相互に独立して行う必要がある」ということです。「行事を成功させるために、道徳科の授業をしよう」とか、「道徳科の授業の学びを深めるために、体験活動をしよう」というように、一方がもう一方を利用する形になってしまっては、正しい関連づけであるとはいえません。それぞれの教育活動の特質を守ったうえで、相互に関連させましょう。総合単元的な道徳学習を構成できれば、より密接な関連づけができるようになります。

　関連づけるときは、道徳科の授業と各教科等の教育活動を「どちらを先に行うか」も考えるとよいでしょう。例えば、体験学習の後に道徳科の授業を行えば、体験学習における成功体験や失敗体験を、道徳科の授業につなげて考えを深めることができます。あるいは、体験学習の前に道徳科の授業を行えば、道徳の時間で学んだことについて、体験学習で実感を伴って理解を深めることができます。

（3）季節的変化を考慮する

　四季に合わせて、春には春の教材を、夏には夏の教材を扱えば、教材において描かれる登場人物の心情や、物語場面における状況が考えやすくなります。

　また、学校行事の時期に合わせることもできます。例えば、進級したばかりの４月には、新しい学年での生活を考える教材を扱ってみてはどうでしょう。卒業の時期には、これまでお世話になった人への感謝を考える教材を扱えば、道徳科における学びを自分の生活につなげて考えやすくなると思われます。他にも、１２月の人権週間の時期や、学期半ばでいじめの起きやすい時期に、いじめに関する教材を扱ったり、学期の始まりで登校渋りが起きやすい時期に、自らの生活について考える教材を扱ったりすることなどが考えられます。

　ただし、他の教育活動との関連づけと同様に、季節感だけを重視した主題を扱うことは、望ましくありません。そうしてしまうと、児童生徒が学びを深める一連の流れから外れ、一つだけ浮いた授業になりやすいからです。また、他の教育活動（もしくは道徳

科の授業）だけの成功をねらって、もう一方を犠牲にしたりすることがないように注意してください。

（4）複数時間の関連を図る

　道徳科の授業を、1時間ごとに単発で行うのではなく、複数時間の授業が関連するようにすれば、それぞれの授業における学びを、より多面的・多角的に深めることができます。

　例えば、2～4時間程度の授業を組み合わせて、あるテーマについて考える「ユニット学習」を構成することができます。このユニットを「小単元」として、複数の小単元からなる「中単元」を構成したり、中単元を組み合わせて、学期や年間にわたる「大単元」を構成することも可能です。

　この際、（2）で述べたように、各教科等における教育活動と関連づけることも考えられます。すなわち、道徳科の授業を、各教科の授業や、特別活動、総合的な学習の時間などと関連付けて、ユニット学習を構成したり、大きな「総合単元的な道徳学習」を構成したりすることができます。

　これらを構成するやり方については、第2章で詳しく説明します。

（5）重点的指導を工夫する

　各学年や各単元において重点指導項目を選んだ後、重点的指導を行うには、どのような工夫をすればよいのかについて説明します。

　小学校の解説書では、重点的に指導しようとする内容項目について、「指導時間数を増やす」、「一定の期間をおいて繰り返し取り上げる」、「何回かに分けて指導する」というやり方が紹介されています。その工夫は、道徳科の年間指導計画作りにおいても反映されます。

　複数時間の授業で構成した単元に重点指導項目があるのなら、単元内の他の授業では、重点指導項目に関連が深い内容項目を選ぶとよいでしょう。

　例えば、中学1年生の1学期の単元を考えたとき、まだ中学校生活に対して意欲的に臨もうとしていない生徒が多かったとします。その実態を元に、A［向上心，個性の伸長］を重点指導項目として選んだとすると、関連する内容項目は、次のようなものが考えられます。

- A［自主，自律，自由と責任］　　　・A［真理の探究，創造］
- A［希望と勇気，克己と強い意志］　　・B［礼儀］
- C［よりよい学校生活，集団生活の充実］　・D［生命の尊さ］

　そうすると、この内容項目に関するねらいと教材とで、重点的指導をするための複数時間分の主題を用意できるようになります。

　また、単元内で扱う内容項目の数は、重点指導項目や目指す児童生徒像の内容に応じて、A～Dの視点ごとに軽重をつけると、主題を構成しやすくなります。

　前の例で考えると、自分自身に関することを重点指導項目としていた単元なので、Aの視点の内容項目を多く選ぶとよいでしょう。他にも、「中学2年の2学期は、社会のために働くことを考える単元を作りたいから、Cの視点の主題の授業を多く選ぼう。」などと考えることもできます。

　このようにして、重点指導項目に関する複数の主題が構成できたら、道徳科の年間指導計画において、それらの主題を(4)で述べたように関連づけながら配列してください。

　第1章では、学習指導要領や解説書に書かれていることに基づいて、道徳科の年間指導計画とはどのようなものかについて述べてきました。しかし、ここまでの手順や配慮点が分かっても、実際に主題を配列して年間指導計画を作るには、まだ分かりにくいところがありますよね。

　第2章では、具体例をまじえながら、内容項目を配列する方法や、各教科等における教育活動などと関連付ける方法について紹介したいと思います。

第2章
主題の配列や単元構成のやり方

1　ストーリー配列法

　第1章では、道徳科の年間指導計画を作るうえで考慮すべきことを紹介しました。ここまで読み進めてきて、これで年間指導計画作りはバッチリだ！という人はどれくらいいるでしょうか？残念ながら、あまりいないのではないかと思います。

　学習指導要領の解説書には、年間指導計画を作る上で「考慮すること」は示されているのですが、どのように主題を配列すればよいかという体系的な「方法」については、書かれていないのです。これが、現場で年間指導計画を作成するやり方が浸透しない大きな原因の1つとなっています。

　年間指導計画を作成するために、ねらいと教材から、まず主題を35個作る必要があります。それを年間35時間分並べるには、何通りの並べ方が考えられるのでしょうか。

　$35 \times 34 \times 33 \times \cdots \times 3 \times 2 \times 1$で計算すると、なんと、

10000000000000000000000000000000000000000通り
つまり、およそ10の40乗通りもあるのです！

　これでは、道徳科の授業が始まって60年経っても、いまだに主題の配列法の研究が進んでいないのも、しょうがないような気もしますね。そこで、どのように主題を配列すればよいかという方法について、第1章に示した考慮事項に基づきながら考えたいと思います。

　主題の配列法を考えたとき、最初に考えなければならないのが、「年間指導計画に基づく授業を行ったとき、児童生徒は年度末にどのような姿になっているか」という「ゴール」です。児童生徒のスタートの状態をふまえて、このゴールにたどり着くために、主題を効果的に並べる方法が、主題の配列法ということです。例えば小説やドラマでは、主人公が成長する様子や過程が描かれているものがあると思います。最終話における主人公には、第1話のときと比べて、どんな成長した姿が見られるのか。それが、ここで言う「ゴール」であり、「目指す児童生徒像」というわけです。

　年間指導計画においては、学校の「教育目標」や学年の「重点目標」が、「ゴール」となる場合が多くなるでしょう。つまり、年間指導計画において主題を配列する際には、次のようなことが大切だと考えられます。

目指す児童生徒像に向かって、児童生徒が道徳的に成長していくストーリーを、主題を配列することで描く

　わたしはこのような考え方のことを、「ストーリー配列法」と呼んでいます。道徳科の授業を行ったとき、授業ではよいことを発表していた児童生徒が、その後の生活では発表していたことを守らなかった、なんて経験はないでしょうか。道徳科の授業を１時間やったからといって、子どもはすぐには変わりませんよね。様々な学びの中で、紆余曲折しながら子どもは成長していきます。だからこそ、児童生徒の実態をふまえて、どのような学びの中で道徳性を育てていくのか、系統的に考える必要があるのです。

　ストーリー配列法では、児童生徒が、どのような学びを通して目指す児童生徒像に一歩ずつ近づいていくかを、正に小説のストーリーを考えるように、主題を配列して構想します。不自然さのない流れるようなストーリーが、主題の配列によって構想されたとき、その主題の配列は整合性をもって効果的にできた、と考えられます。主題の配列順だけを見て、どのような方向性で児童生徒を育てようと思っているのか、その意図の概要を読み取れるような配列ができるといいですよね。

　例えば、あまり周りの人を大切にせず、自分勝手な行動が多い中学１年の生徒に対して、「他国の現状に興味をもち、国際貢献しようとする子」を目指す生徒像としたとします。このとき、重点指導項目は、Ｃ［国際理解，国際貢献］になります。しかし、自分勝手な生徒をどのような過程で成長させていくのでしょうか。このとき、次のようなストーリーを描いたとします。

　「最初は自己中心的な生活を送っていた生徒が、命の大切さについて考えることで、自分の命を支えてくれている周りの人たちに対して、感謝の心をもつようになる。そして、みんなのために自ら働くことの大切さについて気づくようになり、より多くの人の命を大切にするには、国際貢献を行うことが大切だと考えるようになっていく。」

　このストーリーを４時間の授業で配列すると、次のような配列が考えられます。

第１時　Ｄ［生命の尊さ］

⬇

第２時　Ｂ［思いやり，感謝］

⬇

第３時　Ｃ［勤労］

⬇

第４時　Ｃ［国際理解，国際貢献］（重点指導項目）

　ストーリー配列法では、このようにして主題の配列を考えます。逆に、場当たり的でバラバラの授業を、年間３５時間実施したとします。１時間ごとの学びはあるでしょうが、１年後の児童生徒の姿を想像すると、どうでしょうか。道徳的に成長するストーリーを描いて系統的に授業した方が、目指す児童生徒像により迫るように道徳性が育つことを期待できると思います。

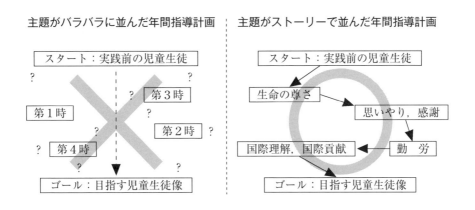

図２　バラバラの配列とストーリー配列法

　しかし、ここで問題があります。道徳的に成長していくストーリーを主題の配列で描くといっても、どのような考え方に基づいて配列するのでしょうか。そこで次の節からは、主題を配列するやり方について、ストーリー配列法の考え方を軸にしながら、いろんなやり方を紹介していきたいと思います。

2　主題の配列法

　ここでは、道徳的に成長するストーリーを実現させるために、どのような配列のやり方があるのかを紹介します。内容が少し難しく感じるかもしれませんが、主題を配列するやり方を知らなければ、カリキュラム・マネジメントを行うことができません。ここでは主題を配列するやり方について、丁寧に説明していきたいと思います。

　第2節では配列法に関して、新しい用語がたくさん出てくるので、びっくりするかもしれません（汗）。しかし、その用語は覚える必要はありません。便宜上、配列法をカテゴリー分けしたり、分類するために呼称をつけましたが、図や例を多く使って紹介しますので、そこから大体のイメージがつかめれば、年間指導計画を作ることができるようになると思います。

（1）主題同士のつなげ方を考えましょう

　最初は、複数時間の関連を図るため、「主題同士のつなげ方」の基本から始めます。主題の配列法はいろいろあるのですが、まず配列法の基本として覚えていただきたい、主題と主題のつなげ方が3つあります。ここでは、その基本について説明します。

　先ほども書きましたが、本来は、ねらいと教材で構成される「主題」をつなげるのですが、学年やねらいによって、教材は変わります。知らない教材名が出てくると、配列の例がわかりにくくなりますので、ここで示す例は、「内容項目」のみの配列になっていることをご了承ください。

　ここでは、基本となる3つのつなげ方を紹介します。わたしはそれを、

　　①直列型配列　　②並列型配列　　③同心円型配列

と呼んでいます。この名称から、主題同士のつなげ方をイメージできるでしょうか？「直列」や「並列」というと、まるで理科の授業で習う、電池のつなぎ方みたいですね。

　要するに、次のようなことだとご理解ください。

　　・**まっすぐにつないで、理解を深める**（直列型配列）
　　・**1つの話から広げたり、話を1つにまとめたりする**（並列型配列）
　　・**話を大きく広げたり、根本的なことに戻ったりする**（同心円型配列）

それでは、もう少し詳しく説明をしていきたいと思います。

①直列型配列

テーマの方向性に沿って、主題間のつながりを納得しながら理解を深めるときに用います。

直線的に、学びを強く深めていくときに、この配列は効果的です。最初に扱う主題を起点として、多角的に理解を深めたり、最後に扱う主題に向かって、多面的に理解を深めたりすることが期待できます。

最初に扱う主題から「多角的に」深めていくのか、最後に扱う主題に向かって「多面的に」深めていくのか、その用途に応じて使い分けます。

ここで、「多角的」「多面的」という言葉を使いましたが、ちょっと難しい言葉です。ここでは、「多角的」という言葉は、「関連する事柄に広げて考える」という意味で使っています。「多面的」という言葉は、「いろんな方向から物事を考える」という意味で使っています。文部科学省は、道徳科の授業を通して「一面的な見方から、多面的・多角的な見方へと発展しているか」を評価の観点とすることを求めていますが、そのような児童生徒の成長は、主題の配列によっても実現することができるのです。

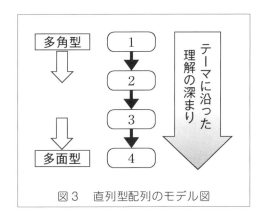

図3　直列型配列のモデル図

つながり方を示した**図3**から、「なんだか、まっすぐにつながっているな〜」という感じをもっていただければ、ここでは十分です。あとで詳しく知りたくなったら、またこのページに戻ってくるとよいかと思います。

②並列型配列

　１つの主題から出発して、関連する複数の主題を並列的に扱ったり、相互に関連の薄そうな複数の主題から、１つの主題を導いたりするときに用います。

　多面的・多角的で深い学びを実現させるときに、この配列は効果的です。多角的に（１つの主題を複数の主題に広げて）考えて理解を広げたり、多面的に（複数の主題を収斂させて）１つの価値への理解を深めたり、多様な視点から考えることが期待できます。

　最初に扱う主題から複数の主題へと「広げる」のか、複数の主題から最後に扱う主題へと「深める」のか、その用途に応じて使い分けます。

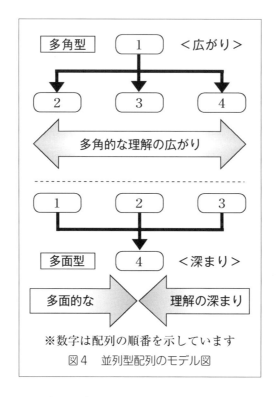

　　※数字は配列の順番を示しています
　　図４　並列型配列のモデル図

　図４を見て、「１つのことから広がったり、たくさんのことから１つにまとまったりしているな〜」ということを感じていただければ幸いです。

③同心円型配列

視野を広げて考えたり、広い視野から考えたりするときに用います。

視点を大きくしたり小さくしたりして学びを深めていくときに、この配列は効果的です。扱う対象や環境を拡大・縮小していくことによって、考えを拡張しながら、多角的に理解を広げたり、考えを凝縮しながら、多面的に理解を深めたりすることが期待できます。

最初に扱う主題から「拡張して広げて」いくのか、最後に扱う主題に向かって「凝縮して深めて」いくのか、その用途に応じて使い分けます。

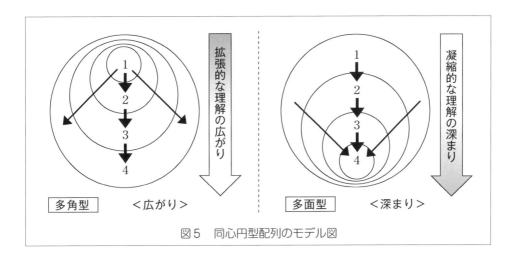

図５　同心円型配列のモデル図

図5を見て、「すっごく広がったり、すっごく縮んだりしているな〜」と感じていただければ、それで間違いありません（断言）。

ここに示した3つの配列法が、主題同士のつなげ方の基本となります。言葉の説明を見て、理解するのが難しいと感じた方もいるかもしれません。要するに、こういうことです（大事なことなので2回言います）。

・**まっすぐにつないで、理解を深める**（直列型配列）

・**1つの話から広げたり、話を1つにまとめたりする**（並列型配列）

・**話を大きく広げたり、根本的なことに戻ったりする**（同心円型配列）

次からは、3つの基本配列を使いながら、具体的に配列の例を示します。読み進めていくうちに、やり方が理解できるようになることでしょう。

（2）重点指導項目と関連項目との関係を考えましょう

　ここからは、3つの基本配列を活用して、道徳的に変容していくストーリーを実現するような主題配列のやり方について紹介していきます。

　第1章4節（5）の「重点的指導を工夫する」では、重点指導項目から、関連が深い内容項目を選ぶことを説明しました。この節では、重点指導項目と関連項目との関係に目をつけた配列法について考えてます。

　ここでは、3つの配列法を紹介します。わたしはそれを、

　①帰納型配列　　　②演繹型配列　　　③複合型配列

と呼んでいます。

　なんだか、一気に難しくなってきましたね。理系の人なら、「数学的帰納法」という言葉で、「帰納型」のイメージがつかめるでしょうか？

　要するに、次のようなことだとご理解ください。

　・多くのことから、1つの大切なことを導く（帰納型配列）

　・大切な1つの前提から、個別のことをいろいろ導く（演繹型配列）

　・広げたりまとめたりを組み合わせる（複合型配列）

　この3つについて、いくつかの配列パターンを紹介していこうと思いますが、とってもたくさんあるので、どの配列パターンでどの基本配列を使うのか、**表1**ではじめに整理しておきたいと思います。

表1　重点指導項目と関連項目との関係に目をつけた配列法

帰納型	使う基本配列
	直列（多面型）
	並列（多面型）
	同心円（多角型）
	同心円（多面型）

演繹型	使う基本配列
	直列（多角型）
	並列（多角型）
	同心円（多角型）
	同心円（多面型）

複合型		使う基本配列	
	演繹－帰納	直列 － 直列	
		並列 － 直列	
		同心円 － 同心円	
	帰納－演繹	直列 － 直列	
		直列 － 並列	
		直列 － 同心円	
		並列 － 直列	
		並列 － 並列	
		並列 － 同心円	
		同心円 － 直列	
		同心円 － 並列	
		同心円 － 同心円	

　なんだかたくさんあって、圧倒されていないでしょうか……？

　読み進めるとわかるのですが、文字だけで説明するより、このような表を用いた方が分類がわかりやすいと思います。もちろん、このあとには図での説明もありますので、しばしお待ちください（冷や汗）。

　これらの配列パターンについて、具体的な内容項目を挙げて例を示していきますので、そこで詳しく理解していただけると思います。

①帰納型配列（多くのことから、１つの大切なことを導く）

　関連項目を扱う授業を、重点指導項目の授業よりも先に行い、その一連の学びの中で、帰納的に重点指導項目を導く配列です。

　帰納型配列には、「直列型」「並列型」「同心円型」の３種類があり、用途に応じて使い分けます。重点指導項目を扱う授業での理解を、一層深めることが期待できる配列です。

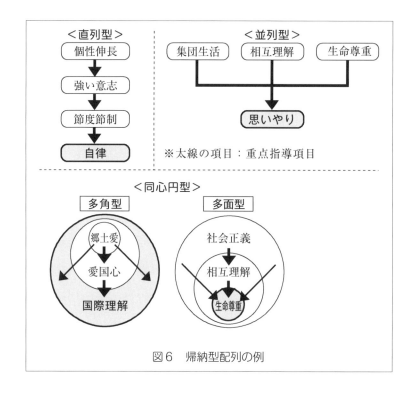

図６　帰納型配列の例

　図６では、「直列型」「並列型」「同心円型」という３種類の帰納型配列について、配列の例を示しました。続けて、それを１つずつ詳しく説明していこうと思います。

直列型

　まず、帰納型配列の直列型です。**図６**の例では、「自分のことがちゃんとできずにいる小学生に対して、自律した生活をしようとする子に育てること」を目指しています。

　Ａ［善悪の判断，自律，自由と責任］を重点指導項目とし、関連項目としてＡ［個性の伸長］、Ａ［希望と勇気，努力と強い意志］、Ａ［節度，節制］を選びました。選んだ関連項目を見ると、自分のことを考える配列なので、「Ａ　主として自分自身に関すること」の項目が多くなっていることに気づくと思います。これらの関連項目を直列型で

配列することで、次のようなストーリーを描きました。

「だらしない生活を送っていた児童は、個性を伸ばすことの大切さについて考えることで、目標をもってがんばろうとする気持ちが芽生える。そのためには、節度をもって生活することが必要であること気づくようになり、自律して生活しようとする意欲をもつようになっていく。」

　帰納型配列の中でも直列型は、最後に扱う重点指導項目のA［善悪の判断，自律，自由と責任］に対して、多面的に理解を深めながら到達します。テーマの方向性に沿って、主題間のつながりを納得しながら理解を深めていくことができます。

　このような説明で、なんとなく配列の意図が伝わったでしょうか？このようにして、児童生徒が道徳的に成長していくストーリーを、主題の配列によって描きます。続けて、並列型、同心円型についても説明します。

　　⬚ 並列型

　次は、帰納型配列の並列型です。**図6**の例では、「人を大切に思う気持ちに乏しい小学生に対して、思いやりをもって行動しようとする子に育てること」を目指しています。
　B［親切，思いやり］を重点指導項目とし、関連項目としてC［よりよい学校生活，集団生活の充実］、B［相互理解，寛容］、D［生命の尊さ］を選びました。選んだ関連項目を見ると、人のことを考える配列なので、人の気持ちを考えたり人の大切さを考える項目が多くなっていることに気づくと思います。これらの関連項目を並列型で配列することで、次のようなストーリーを描きました。

「人の気持ちを考えずに行動していた児童が、よりよい集団生活のあり方や、相手の気持ちをお互いに理解し合うこと、人の命の大切さなどについて考えることで、思いやりをもって人と関わることが大切だと考えるようになっていく。」

　帰納型配列の中でも並列型は、最後に扱う重点指導項目のB［親切，思いやり］に対して、多面的に理解を深めながら到達します。相互に関連の薄そうな複数の主題から、1つの主題を導くことができます。

同心円型

　そして、帰納型配列の同心円型です。**図6**の例では、多角型と多面型の2つの例を示してあります。

　多角型の例では、「他国について無関心だった中学生に対して、諸外国の文化に興味をもって関わろうとする子に育てること」を目指しています。

　C［国際理解，国際貢献］を重点指導項目とし、関連項目としてC［郷土の伝統と文化の尊重，郷土を愛する態度］、C［我が国の伝統と文化の尊重，国を愛する態度］を選びました。選んだ関連項目を見ると、自分が所属する集団や社会に関するCの視点の項目が多くなっていることに気づくと思います。これらの関連項目を同心円型で配列することで、次のようなストーリーを描きました。

「最初は他国に興味をもてずにいた生徒が、自分の住む郷土について考えることで、もっと広範囲の社会にも興味をもち始める。そして、日本の文化についても考えたことで、他国の文化を理解することの大切さにも視野を広げて考えるようになっていく。」

　一方、多面型の例では、「命について深く考えずにいる中学生に対して、命を大切にして生活しようとする子に育てること」を目指しています。

　D［生命の尊さ］を重点指導項目とし、関連項目としてC［公正，公平，社会正義］、B［相互理解，寛容］を選びました。選んだ関連項目を見ると、命のことを考える配列なので、命をもつ他者について考える項目が多くなっていることに気づくと思います。これらの関連項目を同心円型で配列することで、次のようなストーリーを描きました。

「命について深く考えずにいた生徒が、社会正義の大切さについて考えることで、いじめを行うことの罪深さに気づき、一人一人を大切にしようと思うようになる。その実現のためには、相手との価値観の違いに寛容であることが必要であることに気づくようになり、それは結局、一人一人がもつ命を大切にすることなのだと考えるようになっていく。」

　帰納型配列の中でも同心円型は、多角型ならば、最後に扱う重点指導項目のC［国際理解，国際貢献］に対して、考えを拡張しながら、多角的に理解を広げながら到達します。また多面型ならば、D［生命の尊さ］に対して、考えを凝縮しながら、多面的に理解を深めながら到達します。視野を広げて考えたり、広い視野から考えたりすることができます。

②演繹型配列（大切な１つの前提から、個別のことをいろいろ導く）

　最初に扱う重点指導項目を起点として、複数の関連項目の授業に演繹的に関連付ける配列です。

　演繹型配列にも、「直列型」「並列型」「同心円型」の３種類があり、用途に応じて使い分けます。広い視点から、重点指導項目の理解を深めることが期待できる配列です。

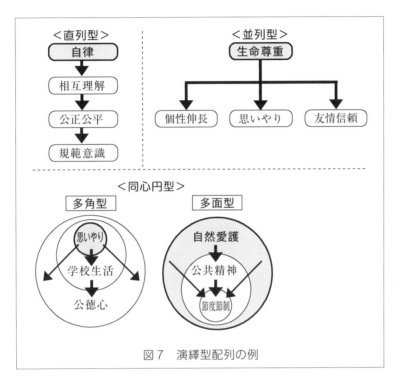

図７　演繹型配列の例

　図７では、「直列型」「並列型」「同心円型」という３種類の帰納型配列について、配列の例を示しました。続けて、それを１つずつ詳しく説明していこうと思います。

　　　直列型

　まず、演繹型配列の直列型です。**図７**の例では、「やるべきことをちゃんとやろうとせずに生活している小学生に対して、自分で考えて生活しようとする子に育てること」を目指しています。

　Ａ［善悪の判断，自律，自由と責任］を重点指導項目とし、関連項目としてＢ［相互理解，寛容］、Ｃ［公正，公平，社会正義］、Ｃ［規則の尊重］を選びました。選んだ関連項目を見ると、自律した生活に関する項目が多くなっていることに気づくと思います。これらの関連項目を直列型で配列することで、次のようなストーリーを描きました。

「やるべきことをやらずに生活していた児童は、自分で考えて行動することの大切さを強く考えるようになる。それは、人の気持ちを考えて行動することにもつながり、集団において公正、公正な生活をすることにもつながることに気づく。さらには、集団においてきまりを守って生活することにもつながることが理解できるようになっていく。」

　演繹型配列の中でも直列型は、最初に扱う重点指導項目のＡ［善悪の判断，自律，自由と責任］を前提として、多角的に理解を深めながら進みます。テーマの方向性に沿って、主題間のつながりを納得しながら理解を深めていくことができます。

並列型

　続いて、演繹型配列の並列型です。**図7**の例では、「生命の尊さに関して理解が深まっていない中学生に対して、自分や人の命を大切にして生活しようとする子に育てること」を目指しています。
　Ｄ［生命の尊さ］を重点指導項目とし、関連項目としてＡ［向上心，個性の伸長］、Ｂ［思いやり，感謝］、Ｂ［友情，信頼］を選びました。選んだ関連項目を見ると、生命の尊さについて考える配列なので、自分や人を大切にする項目が多くなっていることに気づくと思います。これらの関連項目を並列型で配列することで、次のようなストーリーを描きました。

「生命について深く考えてこなかった生徒は、生命の尊さについて強く考えるようになる。そして、自分のよさを伸ばすことは、自分の命を大切にすることにつながるということが考えられるようになる。また、思いやりをもって人と関わったり、友達を大切にしたりすることは、人の命を大切にすることだということが理解できるようになっていく。」

　演繹型配列の中でも並列型は、最初に扱う重点指導項目のＤ［生命の尊さ］を前提として、多角的に理解を広げながら進みます。1つの主題から出発して、関連する複数の主題を並列的に扱うことができます。

同心円型

　そして、演繹型配列の同心円型です。**図7**の例では、多角型と多面型の2つの例を示してあります。

　多角型の例では、「人への思いやりに欠ける中学生に対して、思いやりをもって人と関わろうとする子に育てること」を目指しています。

　B［思いやり，感謝］を重点指導項目とし、関連項目としてC［よりよい学校生活，集団生活の充実］、C［遵法精神，公徳心］を選びました。選んだ関連項目を見ると、人を思いやる生活に関する項目が多くなっていることに気づくと思います。これらの関連項目を同心円型で配列することで、次のようなストーリーを描きました。

「人への思いやりを考えてこなかった生徒が、思いやりの大切さについて強く考えるようになる。それは学校生活ならば、みんなの生活が充実するように行動することであると気づく。さらに社会においては、みんなが幸せになるように考えて行動することにつながっていると理解できるようになっていく。」

　一方、多面型の例では、「自然環境の大切さを考えていない中学生に対して、自ら自然環境を守ろうとする子に育てること」を目指しています。

　D［自然愛護］を重点指導項目とし、関連項目としてC［社会参画，公共の精神］、A［節度，節制］を選びました。選んだ関連項目を見ると、広い範囲の社会に関する項目から、徐々に自分自身に関する項目へと近づいていることに気づくと思います。これらの関連項目を同心円型で配列することで、次のようなストーリーを描きました。

「自然についてあまり考えずにいた生徒が、自然環境を守ることの大切さについて強く考えるようになる。そのためには、公共の場を守るような行動をとることが大切であると気づく。その実現のためには、まず自分が節度をもって行動することが必要であることに気づくようになっていく。」

　演繹型配列の中でも同心円型は、多角型ならば、最初に扱う重点指導項目のB［思いやり，感謝］を前提として、考えを拡張しながら、多角的に理解を広げながら進みます。また多面型ならば、D［自然愛護］を前提として、考えを凝縮しながら、多面的に理解を深めながら進みます。視野を広げて考えたり、広い視野から考えたりすることができます。

③複合型配列（広げたりまとめたりを組み合わせる）

これまで、①帰納型配列と②演繹型配列には、「直列型」「並列型」「同心円型（多角型・多面型）」があるということを説明してきました。

複合型配列では、①帰納型配列と②演繹型配列を組み合わせて、複合的に扱います。どのように配列を組み合わせるのかは、ストーリーの流れに応じて使い分けます。複数時間の授業から構成される一連の学びの中で、途中で学びのアプローチを変え、より理解を深めることを期待できる配列です。

複合型配列は、主に「演繹−帰納」型と「帰納−演繹」型に分けられます。なんだか複雑でわかりにくそうなときは、

・大事なことから話を広げた上で、もう１度大事なことをまとめる

・いろんなことから大事なことをまとめた上で、それを個別に広げる

という感じでなんとなく理解するとよいかと思います。

「演繹－帰納」型（大事なことから話を広げた上で、もう1度大事なことをまとめる）

　「演繹－帰納」型では、まず演繹型配列を使い、最初に扱う重点指導項目を起点として、複数の関連項目の授業に演繹的に関連付けて広げます。そこからさらに帰納型配列を使って、関連項目を扱う授業を先に行い、帰納的に重点指導項目を導きます。

　要するに、

　・大事なことから話を広げた上で、もう1度大事なことをまとめる

です。

　「演繹－帰納」型では、「直列－直列」型、「並列－直列」型、「同心円－同心円」型という3種類の配列があります。ほかにもいろんな組み合わせが考えられるのですが、この3種類以外は、2つの配列がうまくつながりにくいようです。

　説明がよくわからなかった場合は、とりあえず**図8**をご覧ください。なんとなく、「あ、2つの配列が合体してる！」という感じがわかると思います。

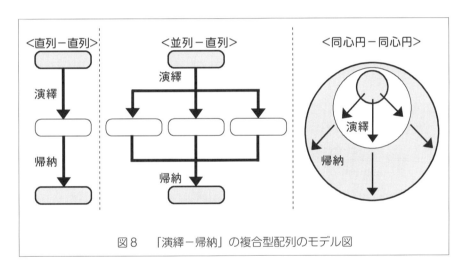

図8　「演繹－帰納」の複合型配列のモデル図

「帰納－演繹」型（いろんなことから大事なことをまとめた上で、それを個別に広げる）

　「帰納－演繹」型では、まず帰納型配列を使って、関連項目を扱う授業を先に行い、帰納的に重点指導項目を導きます。その重点指導項目を起点として、演繹型配列を使い、複数の関連項目の授業に演繹的に関連付けて広げます。

　要するに、

　・いろんなことから大事なことをまとめた上で、それを個別に広げる

です。

「帰納-演繹」型では、9種類の配列があります。

　種類は多いですが、見ればイメージがつかめると思いますので、とりあえず**図9・図10**をご覧ください。「なんだか、いろんな型があるな～」と感じられれば大丈夫だと思います。

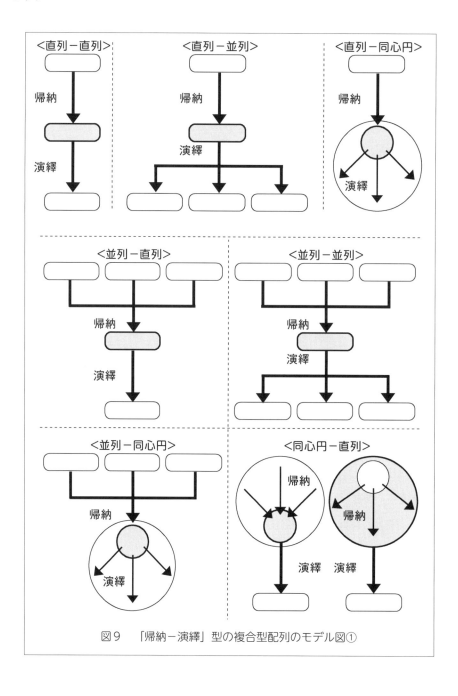

図9　「帰納-演繹」型の複合型配列のモデル図①

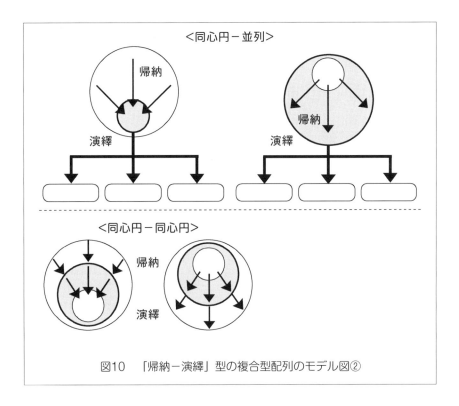

図10　「帰納－演繹」型の複合型配列のモデル図②

　たくさんの配列法を紹介しましたが、つながり方がなんとなく理解できたでしょうか？とりあえず、図を見てなんとなく感覚的につかめばＯＫです。要するに、こういうことです（大事なことなので２回言います）。

　　・多くのことから、１つの大切なことを導く（帰納型配列）

　　・大切な１つの前提から、個別のことをいろいろ導く（演繹型配列）

　　・広げたりまとめたりを組み合わせる（複合型配列）

　次からは、この３つの配列法はどんな目的に合わせて使えばよいのかについて紹介します。

（3）主題の流れにおける重点指導項目の位置づけを考えましょう

　（2）では、重点指導項目と関連項目との関係に目をつけた配列法について説明してきました。正直、よくわからない言葉がたくさん出てきて、読むのに苦労されているのではないかと心配しています（汗）。ここでは、（2）で考えた様々な型は、どんなときに使えばよいのか、ということについて説明したいと思います。

　様々な主題の授業が並んでできた配列は、一連の学びの方向性をもっているはずです。その主題の流れにおいて、重点指導項目を扱う授業は、どこで扱えばよいのか、ということを考える配列法です。

　ここでは、5つの配列法を紹介します。わたしはそれを、

　　①導入型配列　　②終末型配列　　③回帰型配列　　④発展型配列
　　⑤イベント型配列

と呼んでいます。

　「また新しい言葉が出てきたよ〜」と思っている方はいないでしょうか。また新しい言葉です、申し訳ありません（涙）。これらの名称は、主題の配列法を体系的に分類する上で、便宜上つけているものです。実際に年間指導計画を作成する際に、頭の中で配列を整理するためには、これらの用語を覚えておく必要はありませんので、どうかご安心ください。

　この5つの言葉は、主題配列の流れにおいて、重点指導項目をどのタイミングで扱うか、ということを端的に表したものです。

　要するに、次のようなことだとご理解ください。

　　・重点指導項目を一番最初に扱って印象づける（導入型配列）
　　・重点指導項目を一番最後に扱ってまとめる（終末型配列）
　　・重点指導項目を一番最初と一番最後に扱って深める（回帰型配列）
　　・重点指導項目を途中で扱って、まとめたことを広げる（発展型配列）
　　・授業の時期を工夫する（イベント型配列）

　主題の配列の一連の流れを、授業の指導過程の流れに見立てると、「導入型配列」や「終末型配列」は、どこで重点指導項目を扱うのか、なんとなく理解していただけるのではないかと期待しています。

　新しい5つの配列法について、これまでに紹介したどの配列を活用するのかをまとめたのが、**表2**です。

表2　主題の流れにおける重点指導項目の位置づけに目をつけた配列法

	主に用いる配列法
導入型	演繹型配列
終末型	帰納型配列
回帰型	「演繹－帰納」型配列
発展型	「帰納－演繹」型配列
イベント型	＜状況に応じて＞

　これを見ると、（3）で扱う配列法は、（2）で述べた、「重点指導項目と関連項目との関係に目をつけた配列法」とつながっていることがわかると思います。**表2**では、帰納型配列や演繹型配列、複合型配列は、どんな意図があるときに使うものなのかがわかるように整理しています。

　それでは、この5つの配列について、もう少し詳しく説明していきたいと思います。

①導入型配列（重点指導項目を一番最初に扱って印象づける）

重点指導項目の授業を、主題の流れの一番最初の授業に配列します。そうすることで、学習する主題の一連の流れを、児童生徒に対して方向付けることができます。授業の導入のようなので、導入型と呼んでいます。

例えば、重点指導項目がB［友情，信頼］の単元があったとします。一番最初にB［友情，信頼］の授業を行えば、子どもたちに「これから始まる単元では、友情を考えていくんだな」というインパクトを与えて、学習の方向性を印象づけることができます。

この配列では、最初に重点指導項目を扱い、その後の授業で関連項目を扱うことから、演繹型配列を用いることが多いです。

②終末型配列（重点指導項目を一番最後に扱ってまとめる）

重点指導項目の授業を、主題の流れの一番最後の授業に配列します。学んできたことはどのようなことだったのかという方向性をまとめ、理解を深めることができます。授業の終末のようなので、終末型と呼んでいます。

例えば、重点指導項目がA［希望と勇気，克己と強い意志］の単元があったとします。一番最後にA［希望と勇気，克己と強い意志］の授業を行えば、子どもたちに「これまで単元で学んできたことは、強い意志をもって取り組むことの大切さにつながっていたんだな」という実感を与えて、学習の方向性をまとめることができます。

この配列では、最初に関連項目を扱い、その後の授業で重点指導項目を扱うことから、帰納型配列を用いることが多いです。

③回帰型配列（重点指導項目を一番最初と一番最後に扱って深める）

重点指導項目の授業を、主題の流れの最初と最後の授業に配列します。学んだことを改めて考え直すことで、さらに深く理解することができます。元いた場所に帰って来るという意味で、回帰型と呼んでいます。

例えば、重点指導項目がC［勤労］の単元があったとします。一番最初にC［勤労］の授業を行えば、子どもたちに「これから勤労について考えていくんだな」と学習の方向性を印象づけることができます。その上で、一番最後にもC［勤労］の授業を行えば、子どもたちに「これまで勤労について学んできたけど、やっぱり勤労は大切なんだな」と改めて実感させることができます。

この配列では、前半部分は重点指導項目から関連項目を広げた上で、後半部分は関連項目から重点指導項目を導きます。そのため、前半に演繹型配列、後半に帰納型配列を行うような、「演繹－帰納」型の複合型配列を用いることが多いです。

④発展型配列（重点指導項目を途中で扱って、まとめたことを広げる）

重点指導項目の授業を、主題の流れの途中の授業に配列します。一度大切なことをまとめた上で、さらに発展的に学ぶことができます。まとめたことからさらに学びを進めるという意味で、発展型と呼んでいます。

例えば、重点指導項目がC［郷土の伝統と文化の尊重，郷土を愛する態度］の単元があったとします。主題の流れの途中でC［郷土の伝統と文化の尊重，郷土を愛する態度］の授業を行えば、子どもたちに「これまで単元で学んできたことは、郷土の文化を守ることの大切さにつながっていたんだな」と学習の方向性をまとめることができます。その上で、C［我が国の伝統と文化の尊重，国を愛する態度］やC［国際理解，国際貢献］の授業を行えば、重点指導項目より広範囲の学習を、発展的に学ばせることができます。

この配列では、前半部分は関連項目から重点指導項目を導いた上で、後半部分は重点指導項目から関連項目を広げます。そのため、前半に帰納型配列、後半に演繹型配列を行うような、「帰納－演繹」型の複合型配列を用いることが多いです。

⑤イベント型配列（授業の時期を工夫する）

季節的変化を生かしたり、他の教育活動（各教科等、体験活動）と関連付けたりできる時期に、関連する主題の授業を配列します。時期を合わせることを重視するという意味で、イベント型と呼んでいます。

例えば、年末でお正月前の時期にC［伝統と文化の尊重，国や郷土を愛する態度］の授業を行えば、日本の伝統文化を引き継ぐことの大切さを実感しながら、お正月の伝統行事や遊びに臨むことができます。また、運動会の時期にC［よりよい学校生活，集団生活の充実］の授業を行えば、集団でがんばることの大切さを実感しながら、運動会の集団練習に取り組むことができます。ほかにも、卒業式の時期にB［感謝］の授業を行えば、これまで育ててくれた家族や先生に感謝の気持ちをもつことの大切さを実感しながら、卒業式練習に臨むことができます。

この配列では、関連付ける時期を意識しながら①～④の配列を用います。

現場では、各校の年間指導計画において一番使われている配列は、おそらくこれではないかと思います。時期を合わせるだけなので、とても考えやすいからです。

しかしだからこそ、注意点もあります。

それは、「片方の教育効果だけを期待して、もう一方の教育活動を犠牲にしないようにする」ということです。先ほどの例でいえば、運動会の時期に、運動会を成功させるためだけにC［よりよい学校生活，集団生活の充実］の授業を行うのは望ましくないということです。道徳科の授業なのに、「運動会はどのように取り組むべきか」なんて発問をしてしまったら、それは特別活動なのか体育なのか、よくわからなくなってしまいますよね。運動会には運動会の、道徳科には道徳科の目的があるので、それぞれの学びは相互に独立していなければなりません。その上で、「時期を合わせるとちょうどお互

いに学びが深まった」という形が理想です。

　ほかにも、「季節感だけを重視して、一連の流れから外れた主題を扱わないようにする」という注意点があります。例えば、Ａ［個性の伸長］が重点指導項目となっている単元の途中で、季節に合わせたＤ［自然愛護］の授業を唐突に差し込んだら、主題全体の流れが乱れてしまいますよね。

　簡単だからこそ、間違って使われてしまいやすいのがこの配列です。

　ここまで、主題の流れにおいて、重点指導項目を扱う授業はどこで扱えばよいのか、ということを考える配列法を、５つ紹介してきました。要するに、こういうことです（大事なことなので（以下略））。

　　・重点指導項目を一番最初に扱って印象づける（導入型配列）
　　・重点指導項目を一番最後に扱ってまとめる（終末型配列）
　　・重点指導項目を一番最初と一番最後に扱って深める（回帰型配列）
　　・重点指導項目を途中で扱って、まとめたことを広げる（発展型配列）
　　・授業の時期を工夫する（イベント型配列）

　少しずつ、配列法の使い方が見えてきたでしょうか。「まだまだ全然わからないよ～」と思われる先生もいるかもしれません。とりあえず、図で主題のつながり方が感覚的にわかれば、主題の配列には取り組めますので、慣れてきたら改めてこの章を読み返すとよいかと思います。

　これらの配列法が使えるようになると、児童生徒の道徳性を育てるストーリーを、主題の配列で実現できるようになります。使い方が見えてきた先生は、①～⑤のような配列を、児童生徒の実態や目指す児童生徒像、関連させる各教科等の教育活動などに応じて使い分けてみてください。きっと、道徳性を育てる上で効果的な配列法が考えられると思います。主題を配列する際は、ただ羅列するのではなく、ストーリー配列法を土台として考えれば、より配列の効果は高まることでしょう。

（4）各教科等と関連付けましょう

　ここからは、道徳科の主題と主題のつなげ方ではなく、道徳科の授業と各教科等における教育活動を関連付けるやり方を紹介します。「ほかの教科まで関連付けるなんて、大変そう！」なんて思いませんでしたか？実は、先ほど述べたイベント型配列を使うので、主題同士のつなげ方よりも、意外と簡単ではないかと思います。

　例えば、小学２年生の４月を思い浮かべてください。４月の一番最初には、どんな内容項目の授業を行うといいと思いますか？この頃の２年生の子たちは、新入生だった１年生から進級し、お兄さん、お姉さんになります。ただし、まだまだ低学年ですから、学校生活でがんばらなければならないこともたくさんあります。もう少し経つと、生活科の学校探検の授業が始まり、１年生に学校案内をするかもしれませんね。

　このように、道徳科の授業は道徳科だけで完結するのではありません。道徳科の授業は、「学校教育全体における道徳教育の要」という重要な役割ももっているのです。理科や生活科などの教科における学びや、特別活動や生活指導などの領域と関連付けると、より道徳科の授業の学びが豊かに、そして深くなることがわかると思います。

　教科書会社８社が作った平成３０年度版の年間指導計画を調べると、８社中３社は、まるで足並みをそろえたかのように、４月の最初にA［節度，節制］の授業を配列していました。それ以外の５社をみても、２社は４月のほかの週に、やっぱりA［節度，節制］を配列しています。確かに、２年生になりたてのこの時期には、A［節度，節制］の学びがちょうど合いそうな気がしますよね。

　ほかにも、８社中２社は、この時期にC［よりよい学校生活，集団生活の充実］の授業を配列していました。そう言われると、２年生のこの時期にはこの授業が合いそうな気もしてくるから不思議です。

　第１章でも述べましたが、教科書会社によって、扱う教材も、主題の配列も多種多様です。必ずしも、自分の学校の子どもたちの実態に合っているとは限らないのです。そうすると、実態に合わせたり目標を達成したりするために、意図をもって配列する力を身につけることが、児童生徒の道徳性をより高めることにつながるとご理解いただけるはずです。

　長くなりましたが、本題です。学校全体で行う教育活動と、道徳科の授業を関連付けるには、どのようにすればよいのでしょうか。第１章４節（２）でも、大まかな考え方については示しましたが、改めて詳しいやり方について考えていきたいと思います。

　関連づけ方を大きく２つに分けると、次のようになります。

・道徳科の授業における学びを、各教科等の学習における学びの質の向上や、
　活動に取り組む態度の向上につなげる
・各教科等の学習において習熟した学習やスキルを、
　道徳科の授業の学びの質の向上や、学習態度の向上につなげる

　関連付けるやり方の基本は、とっても簡単です。それは、

・学ぶ時期や、教材の内容を合わせる

ということです。例えば、職場体験学習がある時期に、職場体験学習の物語教材を道徳
の時間で扱うことなどがそれに該当します。

　道徳科の授業と各教科等の教育活動のうち、「どちらを先に実施するか」によっても、
学びの深まり方が異なってきます。例えば、体験学習の前に道徳科の授業を行ったとし
ます。すると、道徳の時間で学んだことの大切さを、体験学習を通して実感させること
ができます。体験学習のあとに道徳科の授業を行ったとすると、体験学習における成功
体験や失敗体験を元に、道徳の時間の学びを深めることもできます。

　それをまとめると、次のような3つの配列が考えられます。

①実感型配列　　　②展開型配列　　　③深化型配列

「また新しいのが3つもあるの？」と思われた方、残念ですがその通りです。人生、諦
めが肝心です。例によって、言葉を覚える必要はありませんので、内容を感覚的につか
んでくだされOKです。

　要するに、次のようなことだとご理解ください。

・道徳科の授業のあとに各教科等の教育活動を行う（実感型配列）
・各教科等の教育活動のあとに道徳科の授業を行う（展開型配列）
・各教科等の教育活動の途中に道徳科の授業を行う（深化型配列）

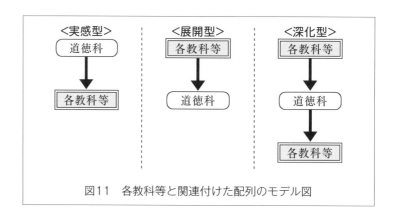

図11　各教科等と関連付けた配列のモデル図

　図11では、「実感型」「展開型」「深化型」という３種類の配列について、モデル図を示しました。続けて、それを１つずつ詳しく説明していこうと思います。

①実感型配列（道徳科の授業のあとに各教科等の教育活動を行う）

　道徳科の授業で先に学んだことを、後続の各教科等における教育活動につなげることで、道徳科の授業で学んだ道徳的価値の意義について、体験活動を通して確かめたり、実感したりすることができます。

　例えば中学２年生で、B［礼儀］やC［勤労］を扱う道徳科の授業を先に実施してから、職場体験学習に行って礼儀や働くことについて学ぶ、という配列が考えられます。そうすれば、道徳科における礼儀や勤労に関する学びが、職場体験学習によってより実感を伴って深まることが期待できるでしょう。

②展開型配列（各教科等の教育活動のあとに道徳科の授業を行う）

　各教科等における教育活動や体験活動での学びを、後続の道徳科の授業に展開して、つなげることができます。

　例えば小学３年生で、理科で昆虫の飼育活動を実施してから、D［生命の尊さ］やD［自然愛護］を扱う道徳科の授業へと展開させる、という配列が考えられます。そうすれば、飼育活動において学んだことが、道徳科における生命の尊さや自然愛護の学びへと展開して広がっていくことが期待できるでしょう。

③深化型配列（各教科等の教育活動の途中に道徳科の授業を行う）

　複数回行う体験活動や、各教科等の単元の途中で道徳科の授業を行うことで、体験活動や各教科等における学びを深めることができます。

　例えば中学３年生で、進路指導を行いながら、その途中でA［向上心，個性の伸長］やA［希望と勇気，克己と強い意志］を扱う道徳科の授業を行う、という配列が考えられます。そうすれば、生徒が進路を選ぶ過程において、自身の個性を生かすことや強い意志をもって臨むことも、進路を選ぶ際の視点として含まれるようになっていき、進路指導による学びが深化していくことが期待できるでしょう。

要するに、こういうことです（大事な（以下略））。

・**道徳科の授業のあとに各教科等の教育活動を行う**（実感型配列）

・**各教科等の教育活動のあとに道徳科の授業を行う**（展開型配列）

・**各教科等の教育活動の途中に道徳科の授業を行う**（深化型配列）

　ただし、イベント型配列においても述べましたが、道徳科の授業と、各教科等における教育活動を関連付けて配列する際、注意してほしいことがあります。それは、「それぞれの教育活動を、相互に独立して行う」ということです。道徳科の授業のために、もしくは各教科等における道徳教育のために、一方がもう一方を利用する形になってしまっては、正しい関連づけであるとは言えません。あくまでも、それぞれの教育活動の特質を守った上で、相互に関連させたいですね。

　複数時間の道徳科の授業を、ほかの教育活動とより密接に関連付ければ、総合単元的な道徳学習を構成することもできます。

3　単元の構成法

　2節では、様々な配列法について紹介しましたが、配列のやり方がなんとなくつかめてきたでしょうか？もしかして、「配列法の名前が覚えられないから、もうだめだー！！」なんて思ってしまった先生もいるのではないでしょうか（ドキドキ）。配列法をたくさん紹介しましたが、これらの配列法は、必ず使わなければならないものではありません。配列の基本的なやり方を知っていると、実際に単元や年間指導計画を作ろうとしたとき、主題の配列が頭の中で整理しやすくなっているのではないかと思います。

　複数の主題や各教科等の教育活動によって、複数時間を配列したまとまりを作ることができたら、次はそれを「単元」として構成することになります。第2章最後の3節では、単元を構成する際の考え方について説明していきたいと思います。これができるようになると、年間指導計画を作成するときはもちろん、研究授業を行うことになり、道徳科の単元の指導計画を作らなければならなくなったときにも、しっかり作ることができるようになることでしょう。

（1）年間指導計画の逆向き設計

　本書では、最終的に年間指導計画が作成できるようになることを目指しているのですが、先ほども述べたように、年間３５時間すべての配列順を考えるのは、とても大変なことです。ここで、複数時間の授業で構成された大きなまとまりを「単元」として区切ると、年間指導計画を構成しやすくなります。例えば、あるテーマに沿って学習を行うような単元や、学期ごとに区切って行う単元などが構想できます。

　第１章４節（４）でも述べましたが、本書では単元の規模によって、単元を次のように呼ぶことにします。

　　・小単元→数時間の授業から構成される単元
　　・中単元→複数の小単元から構成される単元
　　　　　　または　大単元の中に構成された単元
　　・大単元→複数の中単元から構成される単元

小単元の定義における「授業」とは、道徳科の授業のことだけを表しているわけではありません。関連づける各教科等の授業も含んでいます。

　テーマをもった小単元だけを独立して考えるのなら、「ユニット学習」という呼び方もできます。そして、数時間の小単元ならば、２節で述べた配列法を使えば、もう構成することが可能です。だから、「研究授業を発表することになり、ユニット学習の単元を作ることになった」という場合ならば、これまでのやり方を使って十分作れるのではないかと思います。

　では、年間指導計画につながるような大きなまとまりである中単元や大単元は、どのように構成すればよいのでしょうか。

　大まかにいえば、小単元を複数つなげたものが、中単元です。中単元を複数つなげたものが、大単元です。しかし、ただつなげるだけでは、単元と単元のつながりがちぐはぐになり、一連の流れが乱れやすくなります。

　だからこそ、ストーリー配列法を基にして考えてみましょう。主題の配列を決めるとき、まず考えるべきは、その配列によってどのような児童生徒を育てたいかという「ゴール」です。すなわち、目指す児童生徒像の設定をしなければいけません。このとき、どういう結果が出たら「ゴールした」と判断するのか、その評価方法も決めておきたいですね。その上で、目指す児童生徒像が実現するために、どのような主題を、どのように配列するかを考えるのです。

　このようなことを踏まえると、大きな単元を作るときは、先に作った小さな単元を組み合わせるのではなく、まず「大きな単元のゴール」から構想する必要があるということが言えます。大きな単元の中でどのような児童生徒を育てたいかを考えたら、その実現のために必要な中単元を考えます。その上で必要があれば、中単元を構成する小単元を考えるのです。

　すなわち、ゴールである目指す児童生徒像作りから始めて、児童生徒が道徳的に成長していくストーリーである年間指導計画を作る、というように、逆向きに設計する必要があるのです。

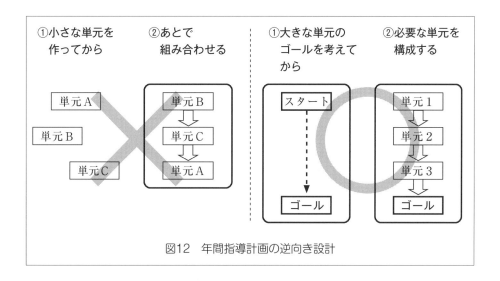

図12　年間指導計画の逆向き設計

　そこで、大切な「ゴール」である目指す児童生徒像の作り方について、詳しく説明していきたいと思います。

（２）各学年の目指す児童生徒像作り

　児童生徒の道徳性を育てるとき、学年によって目指す児童生徒像がちぐはぐになってしまわないようにするには、小中９年間を見通した、発展的な年間指導計画を作ることが求められます。

　道徳科では、年間３５時間（小学１年は３４時間）の授業によって、児童生徒の道徳性を育てることになりますが、各学年では１年間を通して、どのような道徳性を育てたいのでしょうか。また、小学１年から６年までの間に、児童の道徳性をどのように発展させたいのでしょうか。そして、それをどのように中学校の３年間につなげるのでしょうか。

　それらが俯瞰できる指導計画を作ることが、発展的な年間指導計画を作る上で重要です。その発展性を考えるためには、学年ごとの道徳科の年間指導計画を作成する際に、「各学年の目指す児童生徒像」をきちんと描くことが必要です。例えば、小学１年生で「自分のことを自分でやろうとする子」、小学２年生で「人に親切にしてあげられる子」、小学３年生では「自然や生き物に自ら関わろうとする子」、…などです。それを描くことで、児童生徒の道徳性が育つ９年間の発展性を考えられるようになります。

　各学年の目指す児童生徒像を作るには、各学年において、重点指導項目を選ぶ必要があります。しかし、児童生徒がどのような道徳性をもっているのかがわからなければ、児童生徒の実態に合った重点指導項目は選べません。例えば、最初から礼儀正しい児童たちに対して、Ｂ［礼儀］を重点指導項目に選ぶのは、実態に合っておらずおかしいですよね。だから重点指導項目を選ぶためには、児童生徒の道徳性に係る実態をまず把握する必要があるのです。これらのことから、各学年の目指す児童生徒像作りの手順は、次のようになります。

　　①各学年の児童生徒の道徳性に係る実態の把握
　　②各学年の道徳科の重点指導項目の選定
　　③目指す児童生徒像の設定

①各学年の児童生徒の道徳性に係る実態の把握

　全国にはいろんな地域があり、児童生徒の道徳性の実態は、地域によって大きく異なっています。また同じ地域でも、学校が変われば道徳性の実態が異なっています。さらにいえば、同じ学校の児童生徒でも、学年が変われば道徳性の実態が異なってくるのです。

　そのため、教科書会社が考えた年間指導計画、いわゆる教科書カリキュラムは、担当する児童生徒の道徳性の実態にあまり合わない場合があります。そのため、教科書カリキュラムを土台としつつも、担当児童生徒に合わせたカリキュラム・マネジメントが求められることになります。

　だからこそ、児童生徒や学校、地域の実態を考慮した、実効性のある道徳科の年間指導計画を作るためには、まず児童の道徳性に係る実態を把握する必要があります。小学校学習指導要領にも、「児童の学習状況や道徳性に係る成長の様子を継続的に把握し、指導に生かすよう努める必要がある。」と書かれています。

　中央教育審議会の答申（平成28年12月）を見ても、「教育課程を軸に、教育活動や学校経営の不断の見直しを図っていくためには、子供たちの姿や地域の現状等を把握できる調査結果や各種データ等が必要となる。」と書かれています。そのため、面接や観察、アンケート調査などを用いて、児童生徒の道徳性を把握するような評価を行うことが大切です。これは先ほど述べた、「どういう結果が出たら、「ゴールした」と判断するのか」ということにもつながってきます。得られた結果を評価できないのなら、ゴールしたのかどうかも当然判断できないですよね。特に学級担任制の小学校では、担任の主観に偏った評価になりやすいので、ご注意ください。

　また、そのような調査を行う時期は、次のように考えられると思います。

・実践前→年間指導計画を作るために把握する評価
・実践中→児童生徒の活動の様子をつかんだり、実践中に年間指導計画を改善したり
　　　　　するための評価
・実践後→年間指導計画の効果を検証するための評価

　これらの評価が得られれば、実践前後の評価を比較することによって、年間指導計画に基づく実践が効果的だったのかを検証することができるようになります。そうすれば、次年度に向けて年間指導計画を改善するためのカリキュラム・マネジメントも行いやすくなります。その結果、教員の指導をより効果的なものへと改善することもできるようになります。

②各学年の道徳科の重点指導項目の選定

　各学年の児童生徒の道徳性に係る実態を把握することができたら、それを踏まえて、各学年の道徳科の授業における重点指導項目を選びます。第1章3節（1）では、学年段階別の道徳教育の重点指導内容の設定の考え方を説明しました。第1章3節（3）では、道徳教育と道徳科の違いについて述べましたが、道徳科の重点指導項目選びも、基本的な考え方は同じです。

　それに加えて、道徳科の場合は、各教科等や体験活動と関連づけて考えることもできます。例えば、集団宿泊活動がある学年や、自然体験活動がある学年、社会科で市内見学がある学年などは、それと関連付けた重点指導項目を考えることもできます。

　また、キャリア発達を意識して重点指導項目を選ぶこともできます。その学年で獲得すべき社会的な役割などにも視野が広がると、重点指導項目をさらに豊かに選べるようになります。

　具体例として、小学4年生を考えてみましょう。小学4年生は、

　・小学1～3年生に対して、上級生としての役割が求められる。

　・来年度は高学年になり、学校のために働いたり、リーダーとして行動したりする場面が増えることになる。

　・（学校によっては）通学団のリーダーを任せられる。

　・（学校によっては）委員会活動でよりよい学校作りのために働く。

　・（学校によっては）二分の一成人式が行われる。

　・（学校によっては）部活動が始まる。

　このように、キャリア教育の視点からも、学年の重点指導項目を選ぶことにつながる、多くの視点を考えられることがわかると思います。

　重点指導項目は、これらのことを総合的に考慮した上で、各学年の児童生徒の道徳性に係る実態から選ぶことになります。いくつか、簡単な具体例を示してみます。

　・挨拶ができない児童生徒が多い→B［礼儀］

　・規則を守らない児童が多い→C［規則の尊重］

　・いじめを行う児童が多い→B［相互理解，寛容］やD［生命の尊さ］

また、地域の実態も踏まえ、次のような選び方も考えられます。

　・自然が少ない地域→D［自然愛護］

　・伝統的な行事がある地域→C［伝統と文化の尊重，国や郷土を愛する態度］

　ただし、重点指導項目を選ぶ際には、どのような重点指導項目が望ましいのかを、当該学年の発達段階を踏まえてよく考えてほしいと思います。

　例えば、だらしない生活を送る児童が多い小学6年の学年があったとします。その児童の実態を踏まえ、重点指導項目としてA［節度，節制］を選ぶことは、適切といえるでしょうか。これは、先ほど述べた、発展性の問題でもあります。**図1**において示しましたが、「挨拶などの基本的な生活習慣を身に付けること」が重点化の際の留意事項に

なっているのは、低学年です。それなのに、6 年生になっても生活習慣を身に付けることを重点指導項目にしていては、高学年における本来の重点化の際の留意事項が、反映しにくくなります。もちろん、6 年生の各教科等における学習と関連づけることも難しくなります。

　これは決して、6 年生で A［節度，節制］を重点指導項目として選ぶことはいけない、と言っているのではありません。「児童の一面的な実態だけから重点指導項目を決定すること」は望ましくない、と言いたいのです。重点指導項目を選ぶときは、重点化の際の留意事項や、各教科等との関連、児童生徒や学校、地域の実態、学年間の発展性、キャリア発達など、多くのことを総合的に考えた上で決定できるといいですね。

　その一方で、学年によっては、優先的に扱うことが望ましい重点指導項目も考えられます。中央教育審議会の答申（平成 28 年 12 月）では、「幼児教育と小学校教育の接続」として、「小学校教育においては、生活科を中心としたスタートカリキュラムを学習指導要領に明確に位置付け」と書かれています。ここでは、幼稚園や保育園から小学校に進学したときに、不適応を起こしやすいという「小 1 プロブレム」に対して、その適応を円滑にするようなスタートカリキュラムを組むことの重要性が述べられています。このような場合は、それも視野に入れた上で重点指導項目を考えることが求められるでしょう。

　同様に、中央教育審議会の答申には、「小学校教育と中学校教育の接続」として、「小学校高学年に関しては、（中略）中学校への接続を見据えた指導体制の充実を図ることが必要である。」とも書かれています。これは、小学校から中学校に進学したときに不適応が起きやすいという「中 1 ギャップ」に対して、それを予防する重要性が述べられているのです。このように、進学や進級によって起こることが予想される不適応に対しては、当該学年において適応を促す重点指導項目を考えることも、発展的な年間指導計画を作る上で重要であるといえるでしょう。

③各学年の目指す児童生徒像の設定

少し難しいことを述べてきましたが、これで、目指す児童生徒像を考える準備が整いました。

年間指導計画に基づいて指導した結果、重点指導項目による指導の成果を体現した児童生徒が育つと仮定すると、成長した児童生徒はどのような道徳性をもっていることが期待できるのでしょうか。その姿を具体的に表したものが、「目指す児童生徒像」であるといえるでしょう。

目指す児童生徒像が描ければ、それに基づいて詳細な年間指導計画が作れるようになります。また、1年間の実践が終わったあとに指導の成果を評価するとき、目指す児童生徒像に近づいたのかどうかによって、その指導計画が効果的だったのかどうかを評価することができます。

先ほども述べましたが、この段階ではすでに、児童生徒の道徳性に係る実態を把握するための具体的な評価方法ができているはずですので、実践前後において児童生徒の道徳性がどのように変容したのかが把握しやすくなっているはずです。

このようなことを考えると、目指す児童生徒像は、ただ「〇〇する子」と設定するだけでなく、児童生徒の道徳性が育った結果として、どのような考えをもつように変容するのか、そしてどのような行動をとるように変容するのかという、期待される姿も具体的に考えておくことが重要であると考えられます。

発展的な道徳科の年間指導計画を作るためには、各学年の目指す児童生徒像にも、発展性をもたせる必要があります。そのために、学校の組織に道徳指導部会を設置し、各学年の目指す児童生徒像に発展性があるかを確認するという方法が考えられます。各学年の教員が、目指す児童生徒像をそれぞれバラバラに設定した場合、上級生の目指す姿が、下級生の目指す姿よりも低い道徳性に基づいた姿であるという、逆転現象も起きる危険性があるのです。

④発展性を考慮した大単元の構成法

　ここまで、各学年の目指す児童生徒像を考えるところまで説明してきました。ここまでのことがわかれば、各学年における年間指導計画を作ることができます。ここではさらにワンランク上の年間指導計画作りを目指すために、先ほど述べたような、発展的な年間指導計画を作ることについても考えていこうと思います。

　それぞれの学年の各教科等の教育活動は、年度当初から年度末にかけて、学習対象や児童生徒の行動範囲が、発展的に広がっていきます。また、扱う内容も年度末に向かって、発展的に難しくなっていきます。これは、進級や進学した場合にも同様のことが言え、そのために系統的なカリキュラムを組む必要性が生じてきます。

　例えば小学3年の社会科では、はじめに自分たちの身近な校区について学習したあと、自分たちの住んでいる市の学習を行います。そして小学4年の社会科では、自分たちの住んでいる都道府県の学習を行います。

　道徳科でも系統性のある指導を行うということは、ストーリーが通った年間指導計画を作るということです。逆に、道徳科に系統性がなかったら、どうなるでしょうか。例えば算数科なら、足し算も学んでいない小学1年生に、いきなり小学6年生の分数の計算を教えるような事態が起きます。

　このようなことを考えると、児童生徒の道徳性をきちんと育てるためには、道徳科の年間指導計画においても、発展的な系統性を考慮しなければならないということがよくわかると思います。むしろ、子どもの大切な心を育てることを考えれば、より一層系統性を考える必要があるのかもしれません。

　その実現のために、道徳性の広がりや深まりという発展性を意識した上で、大単元を構成する考え方について紹介したいと思います。

　そもそも、内容項目のA～Dの視点には、最初から発展性があります。児童にとっての対象の広がりに即して、

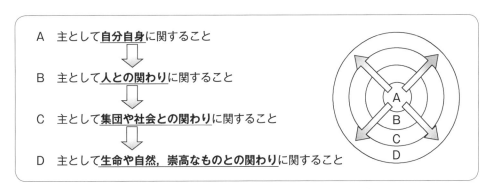

という順で整理されているのです。

　それをふまえると、1つの学年の中で発展性のある大単元を作るときは、1学期から3学期にかけて発展的になるように内容項目を配列する、というやり方が考えられます。

その際、その大単元で育てたい道徳性の傾向に応じて、扱う内容項目の数を、A～Dの視点で軽重をつけると、大単元で扱う内容項目が選びやすくなります。例えば、小学2年の1学期の大単元で、12時間の道徳の授業を行うことになったとします。低学年として、自分でできることを自分でやろうとする子を育てようとするのであれば、Aの視点の内容項目を、12時間の中で多く扱うようにすればよいでしょう。

もう少し詳しく説明するために、各学年において、学期ごとに1つの大単元を構成すると想定した上で、例を示していこうと思います。1～3学期それぞれの大単元では、扱うA～Dの視点に、発展性をもたせることが考えられます。

1学期は、新しい学年・学校となったばかりなので、新しい学年としてふさわしい自分の生活を考えるとすると、自分自身のことを考えるAの視点の内容項目が多くなるでしょう。また、学級が変わって新しいクラスメートができれば、人との関わりを考えるBの視点の内容項目も扱うとよいと考えられます。

特に、小学1年の1学期は、幼稚園や保育園から進学してきて不適応を起こしやすい時期なので、小1プロブレムに対応したスタートカリキュラムの一環として、自分自身のことや人との関わりについて考えるために、Aの視点やBの視点の内容項目を増やすことが考えられます。また、中学1年の1学期も、小学校から進学してきて不適応を起こしやすい時期なので、中1ギャップに対応するために、中学校生活の基本について考えるような内容項目を増やすことが考えられます。

2学期は、特に生活科や社会科、総合的な学習の時間などにおいて、集団や社会、環境のことを考える機会が増えるので、Bの視点も押さえつつ、Cの視点やDの視点の内容項目を扱うとよいでしょう。

例えば、中学2年の2学期なら、職場体験学習を行う学校が多いと思います。キャリア教育と関連づけるため、Cの視点の内容項目を増やすことが考えられます。

3学期になると、これまでの年度の生活を振り返り、次の学年・学校での生活を見据えた準備を行う必要があります。そうすると、次の学年で求められる道徳性を見据えながら、児童生徒や学校、地域の実態を考慮してA～Dの視点の内容項目を選ぶとよいと思います。

例えば、小学1年から2年への進級を控えているのなら、改めて自分の生活を振り返るために、Aの視点の内容項目を増やすことが考えられます。小学4年から5年への進級を控えているのならば、高学年として下級生を支える役割をもつようになったり、委員会活動が始まって学校を支える立場になったりすることを考えれば、Bの視点やCの視点の内容項目を増やすことが考えられます。小学6年から中学1年への進級を控えているのならば、中1ギャップに備えて、自分自身のことを振り返るAの視点の内容項目をもう一度扱うのもよいかもしれません。

ここにはいくつか例を述べましたが、各校においても、児童生徒や学校、地域の実態を考慮して、このように考えるとよいでしょう。

表3には、学年内や学年間の発展性を考慮した、学期ごとに大単元を構成するモデルを示しておきましたので、参考にしてくださると幸いです。

表3　学年内や学年間の発展性を考慮した、学期ごとの大単元構成モデル

		重点的指導の傾向	中心の視点
一学期		①進級・進学し、新しい学年にふさわしい自分の生活を考える。	A
		②新しい学級における他者との関わりを考える。	B
	低学年	自分のことが自分でできる。（スタートカリキュラム）	
	中学年	自分のことは言われなくてもできる。	
	高学年	自らやるべきことを考えて行動することができる。	
	中学1年	中学生としての態度を考えて生活できる。（中1ギャップへの対応）	
	中学2年	上級生としての自覚をもって行動できる。	
	中学3年	自らの進路を考えて行動できる。	
二学期		①他者や、集団や社会との関わりを考える。	B・C
		②自然や環境との関わりを考える。	C・D
	低学年	学級や学校、校区との関わりを考えることができる。	
	中学年	校区や地域、国との関わりを考えることができる。	
	高学年	国や、世界との関わりを考えることができる。	
	中学1年	社会との関わりを考えることができる。	
	中学2年	職業との関わりを考えることができる。（キャリア教育）	
	中学3年	社会への参画について考えることができる。（社会参画）	
三学期		①1年の生活の成長や課題を振り返る。	A〜D
		②次年度の生活への展望をもつ。	A〜D
	低学年	自身の成長を振り返り、上級生になるという自覚を高める。	
	中学年	自身の課題を振り返り、進級に伴う役割を自覚する。	
	高学年	進級・進学に向けて、自身の生活を向上させる意欲をもつ。	
	中学1年	生活を振り返り、上級生としてふさわしい生活を送る意欲をもつ。	
	中学2年	最上級としてふさわしい行動を考え、進路選択への意識を高める。	
	中学3年	中学校生活を振り返り、新しい進路での生活に意欲をもつ。	

このように考えると、目指す児童生徒像に発展性が生まれ、そのゴールに向かうための主題の配列に系統性が生まれます。

このようにして、単元における目指す児童生徒像が決まったとするならば、その単元の中身はどのように作ればよいのでしょうか。単元の作り方と、単元の中身である主題の選び方について、次の項で説明します。

（3）単元作りと主題選び

　目指す児童生徒像が決まったら、どのように主題を選び、どのように単元を構成するのでしょうか。その手順について説明したいと思います。

①大単元の作り方

　単元の中で目指す児童生徒像が決まったら、まず大単元を作ります。

　学校の道徳教育の目標のもと、児童生徒に対する重点的指導の内容を踏まえてできた目指す児童生徒像からは、大単元における学習の方向性を示す「大テーマ」を作ることができます。例えば、目指す児童生徒像が「自ら自然環境について考え、自然を守ろうとする子」ならば、「自然愛護について考えよう」などとすることができるでしょう。

　逆にいえば、その大テーマに基づいて学んでいく学習のまとまりのことを、大単元と呼ぶことができます。だから、大テーマが決まってから大単元の中身を考えることもありますし、大単元の規模や実施する時期が決まってから、その大テーマを考えることもあります。

　学期内で大単元を作ると、学びが一連のものとして学びやすくなると思います。一方、児童生徒の学びのつながりを考えると、夏休みなどの長期休暇明けは、児童生徒の道徳性の実態が大きく変化していたり、長期休暇前に学んだことを忘れてしまっていたりしやすいです。そのため、学期をまたいだ大単元を構成してもよいのですが、あまりおすすめはしません。特に、学期ごとに通知表で評価している学校ならば、学期ごとに単元を構成しておくと、大くくりのまとまりでの評価がしやすくなると思われます。

　学期によっては、生活科の町発見や、社会科の浄水場見学、自然体験学習、職場体験学習など、道徳教育の核になるような体験学習等の教育活動があります。そのときは、それと関連した総合単元的な道徳学習を構成することも考えられます。

　このようにして大テーマが決まったら、その大テーマに関連する内容項目を、単元の授業時数分だけ選んでください。例えば、１学期の大単元の中に、１２時間の道徳科の授業があるならば、内容項目を１２個選ぶということです。ほかにも、道徳科４時間と特別活動２時間から構成される総合単元的な道徳学習の単元なども考えられるでしょう。繰り返しになりますが、ここでは「内容項目」としているものの、本来選ぶべきは「主題」です。ただ、主題で説明すると様々な教材名が出てきて例が複雑になってしまうため、このような表記にしていることをご了承ください。

　授業時数分の内容項目が選べたら、その中から重点指導項目を１つ選んでください。きっと、目指す児童生徒像に近い内容項目になるのではないかと思います。例えば中学２年の職場体験学習と関連づけた大単元で、目指す児童生徒像が「働くことへの理解を深め、自身のよりよい将来を考えようとする子」だったとするならば、重点指導項目はきっとＣ［勤労］になると思います。大テーマは「将来を見すえて、働くことについて考えよう」などのように考えることができるでしょう。

　1年間に複数の単元を組んだとき、その全体が年間指導計画になります。学期に1つの大単元を組むならば、その3学期分が年間指導計画ということです。先ほど、「ゴール」である目指す児童生徒像は先に決める、ということを述べましたが、そのことを踏まえると、まず1年間を通してどのような児童生徒を育てるかを、発達段階や実態から考えて、その上でこのような単元作りを行うことになります。

　しかし現実的には、それが難しい場合もあります。特に、当該学年をまだ担当したことがないような若い先生などは、その学年でどのような道徳科の授業や各教科等の授業があるのかがわからなければ、当然「ゴール」も見えてきません。そのような場合は、先に学期ごとの大単元を組んでから、その総意として見える児童生徒像を、年間指導計画における「ゴール」とするなど、柔軟に考えるとよいかと思います。そして、確かな経験を積んでいき、いずれは「ゴール」から考えられるようになることを願っています。

②中単元の作り方

　大単元の目指す児童生徒像や重点指導項目が決まり、授業時数分の内容項目も選べたら、そのあとに行うのが、中単元作りです。

　大単元の中に、さらに中単元を構成すると、配列が考えやすくなります。例えば、大単元の授業時数が１２時間だったら、年間３５時間よりは少ないからといって、簡単に配列を考えられるでしょうか。実際に何通りあるのかを計算すると、
$12 \times 11 \times 10 \times \cdots\cdots \times 3 \times 2 \times 1 = 479001600$ なので、およそ４億通りです（悔し涙）。つまり、たとえ大単元の主題を準備できても、まだまだ配列を考えるのは大変なのです。

　大単元で選んだ内容項目のうち、重点指導項目以外の内容項目は、重点指導項目の関連項目になっているはずです。中単元作りではまず、その関連項目の中から、特に重点指導項目とつながりが深いと思われる内容項目を、さらにいくつか選んでください。例えば１２時間の大単元では、重点指導項目以外に１１時間分の関連項目があるので、そこから１〜３個程度選びます。これは、どのような時期にどのようなアプローチで目指す児童生徒像に近づけたいかによって、いろんな選び方があります。

　先ほどの、中学２年の職場体験学習と関連づけた、Ｃ［勤労］を重点指導項目とする大単元「将来を見すえて、働くことについて考えよう」で例を示してみます。Ｃ［勤労］と特につながりが深いのは、「将来働くことを考えて向上心や個性を伸ばす」と考えて、Ａ［向上心，個性の伸長］を選んだとします。また、「店員やお客様に対して礼儀正しい態度で働く」と考えて、Ｂ［礼儀］も選んだとします。これらの項目は、中単元における重点指導項目になります。大単元の重点指導項目が、中単元の重点指導項目を兼ねることもあります。これにより、大テーマの下位概念として、中単元の目指す児童生徒像や中テーマを、設定できるようになります。

　そして次に、大単元の重点指導項目と、中単元の重点指導項目を、ストーリー配列法で並べます。その配列が、中単元と大単元の単元構成になります。どんなストーリーかは、児童生徒や学校、地域の実態にもよりますし、当該学年にどんな教育活動があるのかや、先生がどのように育てたいかによって、様々です。

　ちょっと難しいかもしれませんので、先ほどの例で実際にやってみましょう。どのような道徳性の生徒なのかや、職場体験学習がどの時期に実施されるかなどによって配列のストーリーは変わるのですが、仮に働くことへの意識が低い生徒に対して、大単元の真ん中あたりで職場体験学習を実施することになっていたとします。これらの重点指導項目と職場体験学習を配列することで、次のようなストーリーを描きました。

「働くことについて深く考えずにいた生徒が、時と場に応じた態度で人と関わる礼儀の大切さについて考えることで、社会において人と関わることに興味をもつ。また、社会において働くことの意義について考えているとき、職場体験学習を行って実際に働くことで、礼儀の大切さも含めて、働くことの意義について実感を伴う深い理解を得る。そ

のことから、将来自分がどのように働くのかを考えるようになった生徒は、よりよい将来を実現するために個性を伸ばそうとする意欲をもつようになっていく。」

　このように考えると、重点指導項目の配列の構成、すなわち中単元による大単元の構成は、次のようになります。

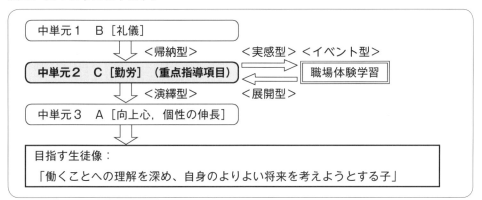

　ここでは、「直列－直列」型の「帰納－演繹」型配列を用いています。重点指導項目の授業を、主題の流れの途中の授業に配列するような、発展型配列になっています。また、職場体験学習と関連づけたイベント型配列にもなっているのですが、先に実施した道徳科の授業を職場体験学習と関連づけることで、道徳科の学びが実感できるようになっています。さらに、職場体験学習での学びが、そのあとの道徳科の授業に展開されるようになっています。

　このような配列によって、目指す児童生徒像に向かって成長していくのではないかというストーリーを描きました。そしてこのような重点指導項目の配列は、「働くことへの理解を深め、自身のよりよい将来を考えようとする子を育てる」という大単元が、どのような中単元で構成されるかを描いたものとなっています。

　先ほど計算したように、１２時間の大単元なら配列は４億通りですが、重点指導項目３時間分の配列ならば、３×２×１＝６で、たったの６通りです。このように、まず重点指導項目から大単元の構成を考えると、ストーリーを立てやすくなるのです。

　今回は例を示すために、かなり詳しく説明しましたが、実際に中単元の構成を考えるときは、ここまで考える必要はありません。どの内容項目を、どのタイミングで扱うのか。その流れがなんとなく頭に描ければ、中単元が構成できるようになります。

　まだ覚え切れていない用語がたくさん出てきて、パニックの先生はいないでしょうか（和和）。繰り返しますが、用語は覚えなくても大丈夫です。本書はこのような用語を使って説明していくため、用語を覚えると、少し読みやすくなるかもしれませんね。

③主題の選び方

　ここまで来ると、大単元における大テーマや重点指導項目に加え、中単元における中テーマや重点指導項目が決まり、単元構成も決まっている段階です。次に行うのが、中単元の中で扱う主題選びです。例によって、ここでは主題ではなく、内容項目で説明します。

　①の大単元作りの段階ですでに、大テーマに関連する内容項目を、単元の授業時数分だけ選んでありますが、それを中単元の中に組み込もうとすると、うまく入らないものが出てくることがあります。その場合は改めて、中単元の中テーマや重点指導項目を基にして、関連項目を選び直してください。むしろ、この選び直す作業の中で、児童生徒の道徳性を成長させるための詳しいストーリーが浮かんでくると思います。

　ただし少し難しいのは、「どの内容項目とどの内容項目が関連しているのか」を考えることです。どのようなテーマのもとで関連を探るかによって、内容項目間の関連の仕方も変わります。場合によっては深く関連するし、また違う場合には関連が薄くなる、ということもあります。

　例えば、A［真理の探究］とC［家族愛，家庭生活の充実］は、なんだか関連が薄そうですよね。視点も、AとCなので離れています。ところが、高学年の家庭科と関連づけて、「よりよい将来の生活について考える子」を目指す児童像とする単元があったとします。その場合は、自分自身に関することであるA［真理の探究］も、その裏で自分を支えてくれる家族がいることに目を向ければ、その感謝の思いが、C［家族愛，家庭生活の充実］と関連していると考えられるのです。例として配列順を考えると、

　　C［家族愛，家庭生活の充実］→B［感謝］→A［真理の探究］
となるでしょうか。

　本来、道徳性は２２個の内容項目にきっちりと分けることはできません。系統的に学習するために、便宜上４つの視点と２２個の内容項目に分けてあるのであり、内容項目は相互に複雑に関連し合っています。まず単元において目指す児童生徒像や重点指導項目をしっかり設定することで、関連項目をうまく選びたいものですね。

　それが難しい場合は、違うアプローチもあります。中単元内で扱う内容項目は、重点指導項目やテーマの内容に応じて、A～Dの視点ごとに、扱う数に軽重をつけると選びやすくなります。例えば、「自分自身に関することを学ぶ単元だから、Aの視点の授業を多く行おう」という具合です。

　先ほどの、中学２年の職場体験学習と関連づけた、C［勤労］を重点指導項目とする大単元「将来を見すえて、働くことについて考えよう」で、実際にやってみましょう。

　中単元１の重点指導項目はB［礼儀］なので、これを踏まえた中テーマを、「社会で人と関わることについて考えよう」と設定してみます。ここから、次のような関連項目を選びました。

　　・Ｂ［相互理解，寛容］

　　・Ｃ［公正，公平，社会正義］

　　・Ｃ［遵法精神，公徳心］

これを見ると、社会で人と関わることを考える内容項目になっていることがわかると思います。人や社会と関わることを考えるので、ＢやＣの視点の内容項目が多いです。

　中単元２の重点指導項目はＣ［勤労］なので、これを踏まえた中テーマを、「働くことについて考えよう」と設定してみます。ここから、次のような関連項目を選びました。

　　・Ｂ［思いやり，感謝］

　　・Ｃ［社会参画，公共の精神］

　　・Ｃ［家族愛，家族生活の充実］

これを見ると、身近で自分のために働いてくれている人や、自分が社会でどのように働くかについてを考える内容項目になっていることがわかると思います。身近で働く人や社会で働くことについてを考えるので、Ｃの視点の内容項目が多いです。

　中単元３の重点指導項目はＡ［向上心，個性の伸長］なので、これを踏まえた中テーマを、「よりよい将来を思い描いてみよう」と設定してみます。ここから、次のような関連項目を選びました。

　　・Ａ［希望と勇気，克己と強い意志］

　　・Ａ［真理の探究，創造］

　　・Ｄ［よりよく生きる喜び］

これを見ると、よりよい自身の生活を考える内容項目になっていることがわかると思います。自分自身に関することを考えるので、Ａの視点の内容項目が多いです。

　このようにして、中単元で扱う内容項目を選ぶことになります。少しずつ、単元における配列の最終形が見えてきたでしょうか。

　本書の中では例を示しませんでしたが、中単元をさらに小さいまとまりに分けたい場合は、同様のやり方で小単元を構成することもできます。

④主題の並べ方

　中単元の中で扱う主題（内容項目）が選択されたら、それをどのように配列すればよいかを考えます。第2章1節で述べたストーリー配列法や、第2章2節で述べた主題の配列法を使えば、中単元の目指す児童生徒像や中テーマを実現するために、扱う主題を配列できるようになると思います。

　本当に細かく主題の配列を考えるならば、2つの内容項目の授業をア、イとしたときに、「ア→イ」と「イ→ア」という配列の違いによってすら、児童生徒の道徳性の育ち方は変わってきます。例えば、B［親切，思いやり］とD［生命の尊さ］の授業をつなげて行うとき、

・B［親切，思いやり］→D［生命の尊さ］　ならば、

　「親切は、人の命を大切にすることにもつながる」と考えられます。

・D［生命の尊さ］→B［親切，思いやり］　ならば、

　「命は大切だから、命をもつ人とは思いやりをもって関わろう」と考えられます。

　配列に慣れてきたら、1時間の入れ替えによっても道徳性の成長が異なることを意識して配列できるようになるといいですね。

　先ほどの、中学2年の職場体験学習と関連づけた、C［勤労］を重点指導項目とする大単元「将来を見すえて、働くことについて考えよう」で、主題の配列を実際にやってみましょう。ただし、このあと示す例は、あくまでも1つの例でしかないので、作り方の参考として見てもらえるとありがたいです。

中単元１「社会で人と関わることについて考えよう」

　最初の中単元１では、重点指導項目をＢ［礼儀］として、社会において人と関わることへの考えを深めたいと思います。

　社会において人と関わるといっても、中単元１では主に、「ちゃんと関わらなければいけない」ということを考える内容項目を選んでいます。それに対して中単元２では主に、「人を大切にする」ということを考える内容項目を選んでいます。そのような単元の方向性を自分の中で区別しておけば、内容項目を選ぶときや配列を考えるときに、ストーリーが描きやすくなります。

　中単元１で扱うＢ［相互理解，寛容］、Ｃ［公正，公平，社会正義］、Ｃ［遵法精神，公徳心］、そして重点指導項目のＢ［礼儀］を見ると、内容項目相互のつながりが少し考えにくいです。このような場合は、「直列型では配列しにくいので、並列型を使ってみよう」と考えてみてください。

　このあとの中単元２では、大単元の重点指導項目であるＣ［勤労］を扱います。そのため、中単元１で話が広がったまま中単元２にいってしまうと、児童生徒にとっては、扱う内容が拡散していてわかりにくくなります。そこで、中単元１では帰納型配列を行ってＢ［礼儀］にまとめ、そこから中単元２へつなげるという配列を考えました。

　Ｂ［相互理解，寛容］、Ｃ［公正，公平，社会正義］、Ｃ［遵法精神，公徳心］については、並列型配列で示すのですが、社会における関わりを考えることから、学びの方向性を生徒に示すため、Ｃ［公正，公平，社会正義］、Ｃ［遵法精神，公徳心］を先に扱うことにします。そのあとで、人との関わりの根本としてＢ［相互理解，寛容］を考えたいので、

　　①Ｃ［公正，公平，社会正義］
　　②Ｃ［遵法精神，公徳心］
　　③Ｂ［相互理解，寛容］
　　④Ｂ［礼儀］（重点指導項目）

という配列にすることが考えられます。

詳しく説明してきたのですが、むしろ逆に混乱させてしまっていないかと、内心ドキドキしています（汗）。もちろん配列を考えるときは、これだけ言語化する必要はありません。中単元１の配列をイメージで表すと、次のようになります。

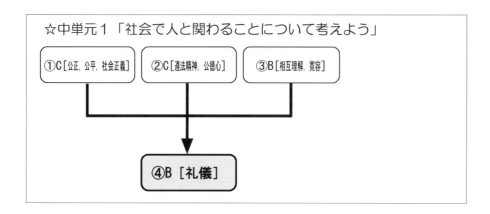

　最初から図で示せば、もっと考えやすかったと思うのですが、どのように考えて図を作るかという過程も伝えたかったので、ここではあえて図をあとに示しました。
　もし、より密接に関連づけた総合単元的な道徳学習を構想するなら、「自分はどのような職場で働きたいだろうか」「職場で働くときに大切なことはなんだろう」と探求して考える総合的な学習の時間を、中単元１の道徳科の授業に関連づけることもできます。

中単元2「働くことについて考えよう」

中単元2では、重点指導項目をC［勤労］として、働くということへの考えを深めたいと思います。

先ほど述べたように、中単元2では主に、「人を大切にする」ということを考える内容項目を選んでいます。働くことの意義には様々なものがありますが、ここでは「人のために働く」ということについて考えさせたかったからです。

中単元2で扱うB［思いやり，感謝］、C［社会参画，公共の精神］、C［家族愛，家族生活の充実］、そして重点指導項目のC［勤労］を見ると、働く対象が拡大していくように並べられそうです。このような場合は、「同心円型を使ってみよう」と考えてみてください。

「身近な人のために行動すること」を「勤労」へと導くため、中単元2では帰納型配列を行ってC［勤労］につなげるという配列が考えられます。

中単元1の最後であるB［礼儀］では、相手のことを考えた礼儀作法を時と場に応じて使う、ということを考えます。そこからつなげて、大切にする対象を広げていくとすると、

⑤B［思いやり，感謝］

⑥C［家族愛，家族生活の充実］

⑦C［社会参画，公共の精神］

⑧C［勤労］（重点指導項目）

という配列にすることが考えられます。

一方、この大単元の例では、職場体験学習とイベント型で関連づけることを意図した状況を設定していますので、第7時と第8時の間に職場体験学習が来るように配列したいと思います。

もし、このような詳しい説明を難しく感じるようでしたら、まず図から見てもよいと思います。その上で説明を読むと、わかりにくかった部分の理解がより深まるかもしれません。中単元2の配列をイメージで表すと、次のようになります。

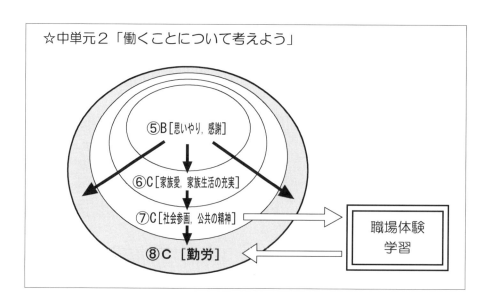

　図にすると、扱う対象が大きく広がる様子や、各教科等の教育活動との関係性がわかりやすくなったのではないでしょうか。年間指導計画を作る際、頭の中でこのような図が描けると、配列順が考えやすくなると思います。

　第2章では、帰納型と演繹型をつなげる複合型配列を紹介しましたが、中単元同士の関係がしっかり構成されているのであれば、次の中単元からまた新しい配列が始まったとしても、問題ありません。小説でも、章が変わると場面がガラッと変わることがあるように、人の生き方や道徳性の成長もまた、すべてが連続した場面でつながっているとは限りません。つまり、中単元1と中単元2の関係がしっかり構成されていれば、中単元1の最後の授業と、中単元2の最初の授業は、つながっていなくてよいということです。

中単元３「よりよい将来を思い描いてみよう」

中単元３では、重点指導項目をＡ［向上心，個性の伸長］として、よりよい将来を作ることへの考えを深めたいと思います。

中単元３では主に、「自分の生活をよりよくする」ということを考える内容項目を選んでいます。中単元２の流れをつなげて、大単元の重点指導項目であるＣ［勤労］を自分事として考えるような、キャリア教育を行いたかったからです。

中単元３で扱うＡ［希望と勇気，克己と強い意志］、Ａ［真理の探究，創造］、Ｄ［よりよく生きる喜び］、そして重点指導項目のＡ［向上心，個性の伸長］を見ると、将来社会において働くということを、自分事として納得しながらつなげていけそうです。このような場合は、「直列型を使ってみよう」と考えてみてください。

自分の個性を伸ばしていくことをきっかけとして広げていくので、中単元３では演繹型配列を行い、Ａ［向上心，個性の伸長］から始めるという配列が考えられます。

重点指導項目のＡ［向上心，個性の伸長］から、個性を伸ばすことにはどのようなことが関連しているのかをつなげていくため、

⑨Ａ［向上心，個性の伸長］（重点指導項目）

⑩Ａ［希望と勇気，克己と強い意志］

⑪Ｄ［よりよく生きる喜び］

⑫Ａ［真理の探究，創造］

という配列にすることが考えられます。

中単元３の配列をイメージで表すと、次のようになります。

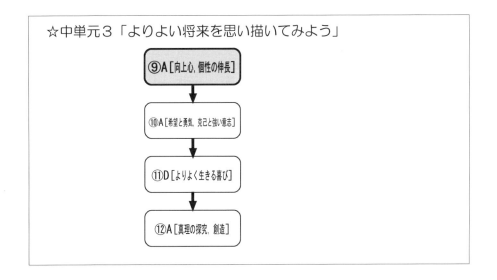

☆中単元３「よりよい将来を思い描いてみよう」

⑨Ａ［向上心, 個性の伸長］

⑩Ａ［希望と勇気, 克己と強い意志］

⑪Ｄ［よりよく生きる喜び］

⑫Ａ［真理の探究, 創造］

直列型配列は一番基本的な配列なので、中単元１・中単元２の図と見比べると、シンプルに見えるかもしれませんね。だからこそ逆に、内容項目間の強いつながりを学ぶことができる配列です。

　ここまでに、中単元１～３までの配列について、詳しく説明してきました。児童生徒の多様な道徳性を育てるためには、多様な配列のアプローチが必要であることが見えてきたのではないでしょうか。

　ここで改めて、中単元１～３によって構成される、大単元の全体像を見せたいと思います。実際は、中単元１～３のイメージ図をただつなげただけなのですが（お口チャック）、これによって、大単元で児童生徒を育てるストーリーが明らかになることを実感していただけると思います。

　中単元１～３までをつないだ、大単元全体の構成は次ページのようになります。

　この大単元の構成図を見ると、どのように児童生徒の道徳性を育てたいのかが明確にわかるのではないかと思います。

　ただし、実際に大単元を作る際などに、このような構成図を作る必要はありません。あくまでも、頭の中で配列を整理するときに、このようなイメージ図を頭で描けるようになると、配列を考えやすくなるということです。

　これに追加して、総合的な学習の時間に、働くことや将来について探求する活動を継続的に行うのなら、大単元構想図の右側に、総合的な学習の時間をさらに増やして構成することもできます。

　ここまで、年間指導計画を作成する上での考慮事項や、主題の配列法、単元の構成法などについて、具体的な例を紹介しながら説明してきました。仮に、例で示したような大単元を学期に１つずつ作るならば、この大単元を３学期分構成したものが、「道徳科の年間指導計画」の全体像となるわけです。年ごとに多少変わりますが、３学期制であれば学期ごとの道徳科の授業数は、１学期１２時間、２学期１４時間、３学期９時間くらいです。

　これで、理論的な部分の説明は、大半が終わりました。これで、各校において道徳科の年間指導計画を作れそうでしょうか。それでもやっぱり、少し不安が残っている先生もいるかもしれませんね。いくらわかったことでも、いざ実際にやってみると、難しいところが出てくると思います。

　そこで第３章では、ある状況において主題を配列することになったとき、実際にどのように配列すればよいのかを考える、問題を用意してみました。段階を追って習熟できるように、レベルごとに扱う時間数が増えて、難易度が上がっていくように設定してあります。様々な配列法を身につけて、配列マスターを目指してください！

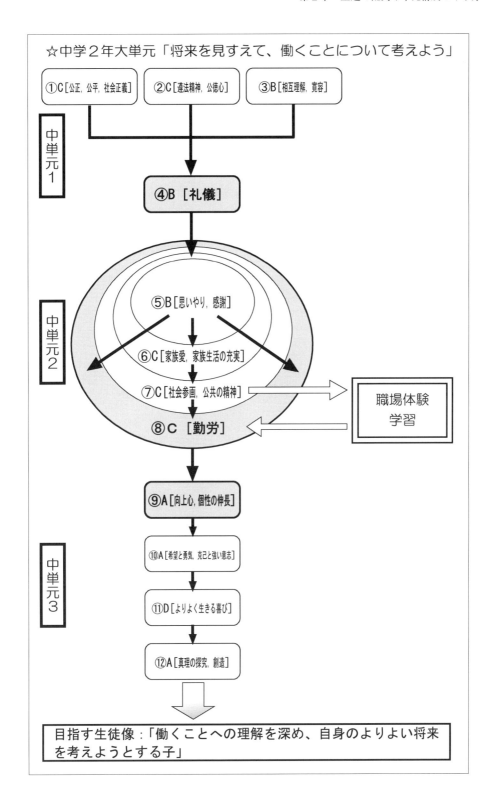

☆中学２年大単元「将来を見すえて、働くことについて考えよう」

①C［公正, 公平, 社会正義］　②C［遵法精神, 公徳心］　③B［相互理解, 寛容］

中単元1

④B［礼儀］

中単元2

⑤B［思いやり, 感謝］

⑥C［家族愛, 家族生活の充実］

⑦C［社会参画, 公共の精神］

⑧C［勤労］

職場体験
学習

中単元3

⑨A［向上心, 個性の伸長］

⑩A［希望と勇気, 克己と強い意志］

⑪D［よりよく生きる喜び］

⑫A［真理の探究, 創造］

目指す生徒像：「働くことへの理解を深め、自身のよりよい将来を考えようとする子」

第3章
主題の配列や単元の構成にチャレンジしてみよう！

　難解な用語がたくさん出てきたなか、ここまで読み進めてくださりありがとうございます。ここからは、実際に主題を配列して単元を構成する問題にチャレンジです。これまでの配列の考え方を、感覚的にでも理解されてきたみなさんなら、きっと素敵な単元を考え出されるのではないかと期待しています。

　レベルが上がるごとに、単元の規模が大きくなっていきます。レベルごとの内容は、次の通りです。

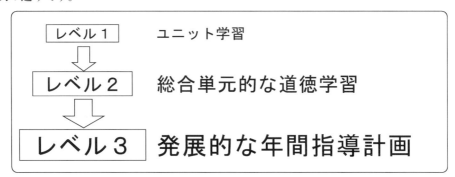

　お仕事が忙しい先生方なら、実際には問題にチャレンジせずに、読んで終わりになってしまうこともあるかと思います。もししっかりとした単元構成の力をつけようと思うのならば、1つずつ順番にチャレンジすることを強くおすすめします。

　問題には、小学校と中学校の問題が入り交じっていますが、ご自身の勤務校とは違う学校の問題でも、チャレンジすると力になると思います。これを読まれている先生方が、レベル1から順番にチャレンジして、達成感を得ながら単元作りを楽しんでくださることを願うばかりです。それでは早速、始めてみましょう！

レベル1　ユニット学習

（1）ユニット学習の作り方

　レベル1で最初にチャレンジするのは、ユニット学習の構成です。ユニット学習の単元は、数時間の道徳科の授業や、それと関連づけた各教科等の教育活動から構成されます。中単元の中に位置づけられているのならば、小単元と呼ぶこともできます。

　第2章3節（3）では、大単元で扱う主題の中から中単元の重点指導項目を選び、それを配列するやり方を説明しました。基本的には、それと同じようなことを、もっとコンパクトな授業数で行うということです。

　ある学年のある時期に、ある実態をもった児童生徒がいたとき、ゴールとしてどのような目指す児童生徒像を描くのか。そして、目指す児童生徒像の実現のためには、どの内容項目を重点指導項目に選び、その関連項目として何を選ぶのか。そして、それらの内容項目はどのような形で配列すればよいのか。ここではそのようなことを考えます。

　さらに、道徳科の授業を各教科等の教育活動と関連づけて構成するためには、どのタイミングで各教科等の教育活動を行うのか。道徳科の授業より先になるのか、あとになるのか。それとも、同時に並行して行うのか。このような視点から、関連づけるタイミングを考えてみてください。

　配列法については、第2章2節において詳しく説明しましたので、併せてお読みいただくと、より配列を考えやすいのではないかと思います。

（2）ユニット学習の構成にチャレンジしてみよう

　レベル1は、ユニット学習の単元を構成する問題を出します。問題ではまず、どの学年の児童生徒に、どんな実態があり、どの時期に、どのような児童生徒に育てたいのかなど、単元を作る前の状況を示します。それに対して、どの主題（内容項目）を選び、どの各教科等における教育活動と関連づけ、それをどのような配列にすればよいのかを考えてください。問題には「答え」となるような配列の例を示しておきます。もし問題に答えられなかったとしても、単元の作り方の例として参考にしていただければよいかと思います。

　ただし、その配列例だけが答えであるというわけではありません。児童生徒の実態が多種多様であるように、それを育てるアプローチも多種多様です。なにしろ、年間35時間を配列するだけでも、10の40乗通りもあるのです。自分が作った配列と配列例とを見比べて、「配列例と同じ内容項目を使っていた」「配列法のやり方が少し違っていた」「関連づけるタイミングは似ていた」などと考えてみるのも、多様なアプローチを考える上で面白いと思います。さらには、仲良しの先生と一緒に問題を考えてみたり、学校の道徳指導部会などでこの問題を話し合ったりすれば、いろんな先生の考える配列

とふれあうことができて、より多面的・多角的に考えが深まっていくのではないかと思います。

　問題のページには、配列の案を答える欄を設置しましたが、直列型・並列型・同心円型などの形の空欄にはなっていません。様々な配列の型は、頭の中で整理するためのものなので、第1時から順にただ内容項目を書くだけの欄になっています。紙を用意して、図を書きながら考えると整理しやすいかもしれませんね。もし道徳科のベテランの先生なら、内容項目だけでなく、その授業で使う教材やねらいも考えてみると面白いと思います。

　巻末の付録に、学習指導要領に示された、内容項目の一覧表を添付しておきましたので、それもご活用ください。

ユニット学習作り問題①

<状況>
○対象学年・時期：小学 3 年の 1 学期
○児童の実態：人の気持ちを考えず行動し、他者と問題をよく起こす。
○目指す児童像：相手の気持ちを考えて、みんなと仲良く協力して生活する子

　上記の状況において、4 時間のユニット学習を行います。あなたなら、どのようなユニット学習を構成しますか？

<ヒント>
・目指す児童像を考慮すると、重点指導項目は何になるでしょう？
・重点指導項目とつながりの深い関連項目は何でしょう？
　（学年ごとに内容項目やその番号は異なるので、付録 2 の内容項目一覧
　表を見て、当該学年で扱う内容項目の中からお選びください。）
・重点指導項目は、最初に扱いますか、それとも最後に扱いますか？
・重点指導項目と関連項目をどんな順番で配列しますか？

<配列案>

授業	扱う主題の内容項目	重点
第 1 時	―（　　）[　　　　　　　　　　　　　　　]	
第 2 時	―（　　）[　　　　　　　　　　　　　　　]	
第 3 時	―（　　）[　　　　　　　　　　　　　　　]	
第 4 時	―（　　）[　　　　　　　　　　　　　　　]	

※内容項目の番号
も書いてください。
（付録の内容項目
表に載っています。
学年ごとに番号が
異なります。）
※重点指導項目に
は、横の欄に〇を
書いてください。

※できれば、このページで自分なりの配列案ができてから、次のページへお進みください。

<配列例>

授業	扱う主題の内容項目	重点
第1時	A－(1)［善悪の判断，自律，自由と責任］	
第2時	B－(9)［友情，信頼］	
第3時	B－(6)［親切，思いやり］	
第4時	C－(15)［よりよい学校生活，集団生活の充実］	○

　配列例では、目指す児童像が「相手の気持ちを考えて、みんなと仲良く協力して生活する子」であることから、C－(15)［よりよい学校生活，集団生活の充実］を重点指導項目に選びました。

　元々の児童には、「人の気持ちを考えずに行動する」という実態があったことから、身近な人の気持ちを考える内容項目も学ばせたいところです。そこで、関連項目としてB－(6)［親切，思いやり］、B－(9)［友情，信頼］を選びました。また、「他者と問題をよく起こす」という実態もあったことから、善悪の判断について学ばせたかったので、A－(1)［善悪の判断，自律，自由と責任］を選びました。各校の児童の問題の程度に応じて、これらの内容項目を重点指導項目にすることもできるでしょう。

　ほかにも、児童の問題の状況に応じて、B－(10)［相互理解，寛容］やC－(11)［規則の尊重］、C－(12)［公正，公平，社会正義］を選んでもよかったと思います。D－(18)［生命の尊さ］で、命の大切さから人の気持ちを考えるというアプローチも考えられます。

　最初にA－(1)［善悪の判断，自律，自由と責任］を扱い、自律して生活することを考えた上で、それを一番身近な友達との関係へとつなげます。そこから、近くにいる人への親切や、よりよい集団生活へと拡大していくようにしてあります。

　分類するならば、多角型の同心円型配列を使っています。もちろん、1つ1つのつながりを納得しながら進めるような直列型でもよいですし、先に重点指導項目を扱ってから広げる並列型などでも面白い配列になることでしょう。

　このような配列によって、次のようなストーリーを描きました。

「人の気持ちを考えた行動があまりできなかった児童は、よいことと悪いことを判断して行動することの大切さを考えると、それを友達との関係においても考えるようになる。そのことは、身近な人に対して親切にしたり、学級や学校においてよりよい集団生活を作ったりすることにつながっていると、考えを広げていく。」

　このように、様々な状況に応じて、目指す児童生徒像に向かって成長するように、扱う主題や配列を考えることこそ、カリキュラム・マネジメントに欠かせないことなのです。今これを読んでいる先生方は、この問題でどのような成長のストーリーを描きましたか？

　全国各地の先生方が、児童生徒や学校、地域の実態を考慮してストーリーを描いたとき、そこにはいろんなストーリーが生まれることでしょう。1つの配列のみを「答え」とするのではなく、「目指す児童生徒像というゴールに近づくストーリーを描けているのか」という観点から、いろんな配列を考えていきたいですね。

　教科書カリキュラムをマネジメントする必要がある、と主張している本書において、配列例が「ただ1つの答え」としてしまったら、まさに本書自体が、マネジメントすべき画一的なカリキュラムとなってしまいますよね。

　それでは、ユニット学習を作る次の問題に進みましょう。

ユニット学習作り問題②

<状況>

○**対象学年・時期**：小学 5 年の 2 学期

○**児童の実態**：

　命についてあまり考えておらず、人に悪口を言ったり暴力をふるったりすることが多い。また、集団で弱い児童をからかったりいじめたりすることがある。

○**目指す児童像**：命あるものを大切にし、互いに気持ちを考えて行動する子

○**学校独自の教育活動**：

　12/4〜10の人権週間における、人権集会（学校によって内容が異なりますが、いじめの問題点を考えたり、いじめ防止の宣言をしたりする全校集会です）

　上記の状況において、4 時間のユニット学習を行います。あなたなら、人権集会と関連づけて、どのようなユニット学習を構成しますか？

<ヒント>

・人権集会はどのタイミングで行いますか？

<配列案>

授業	扱う主題の内容項目	重点	各教科等の教育活動
第 1 時	―（　　　）[　　　　　　　　　　　]		
第 2 時	―（　　　）[　　　　　　　　　　　]		
第 3 時	―（　　　）[　　　　　　　　　　　]		
第 4 時	―（　　　）[　　　　　　　　　　　]		

※関連づける各教科等の教育活動（この問題では「人権集会」）は、右の欄に書いてください。

＜配列例＞

授業	扱う主題の内容項目	重点	各教科等の教育活動
第1時	C－(12)［公正，公平，社会正義］		
第2時	D－(19)［生命の尊さ］	○	
第3時	B－(6)［親切，思いやり］		人権集会
第4時	B－(10)［相互理解，寛容］		

　配列例では、目指す児童像が「命あるものを大切にし、互いに気持ちを考えて行動する子」であることから、D－(19)［生命の尊さ］を重点指導項目に選びました。

　元々児童には、「人に悪口を言ったり暴力をふるったりする」という実態があったことから、人を思いやる内容項目も学ばせたいところです。そこで、関連項目としてB－(6)［親切，思いやり］、B－(10)［相互理解，寛容］を選びました。また、「弱い児童をからかったりいじめたりする」という実態もあったことから、C－(12)［公正，公平，社会正義］を選びました。児童の問題の程度に応じて、これらの内容項目を重点指導項目にすることもできるでしょう。

　ほかにも、児童の問題の状況に応じて、A－(1)［善悪の判断，自律，自由と責任］やC－(11)［規則の尊重］を選んでもよかったと思います。B－(9)［友情，信頼］やC－(15)［よりよい学校生活，集団生活の充実］で、よりよい対人関係のあり方を考えるというアプローチも考えられます。

　すでにいじめが起きているという現状があるので、最初にC－(12)［公正，公平，社会正義］を扱い、早い段階で公正、公平な関わりの大切さを考えさせようと思いました。その上で、その土台となる命の大切さを考えるようにしています。そのあとに人の命の大切さを個別に広げ、人を思いやることや、自他の考えを大切にすることにつながるようにしてあります。

　分類するならば、「直列－並列」型の「帰納－演繹」型配列を使っています。ほかにも、直列型や並列型で命の大切さを先に扱ってから、演繹的につなげても面白い配列になることでしょう。

　人権集会は、B－(6)［親切，思いやり］のあとに行うように配列しました。ほかのタイミングでもよかったのですが、人を大切にするB－(6)［親切，思いやり］のあとの方が、「人権を大切にしなければいけない」「いじめはしてはならない」という義務感からよりも、もっと温かい気持ちから人権集会における学習を受け止めるようになると思えたからです。また、人権週間が終わるとすぐ冬休みになるため、あまり2学期の道

徳科の授業は残っていません。そういう観点からも配列のあとの方に位置づけています。

　このような配列によって、次のようなストーリーを描きました。

「命の大切さを考えずに人と関わってきた児童が、公正、公平な関わりについて考えたことから、命の大切さについて深く考えるようになる。命を大切にすることは、思いやりをもって関わることにつながっていることを、人権集会でも実感して考えるようになる。また、互いの考えを尊重し合ったりすることにもつながっていることが理解できるようになっていく。」

　「なんだか、問題①と問題②は似ているな〜？」と思われた方はいないでしょうか。実はその通りです。現在学校現場では、いじめ予防が喫緊の課題となっています。道徳教育を日常生活につなげるため、あえて問題①と問題②は、いじめ防止につながるようなユニット学習を作る問題にしました。先生方が道徳教育を充実させることによって、各校の子どもたちが幸せな学校生活を送れることを願っています。

　それでは、次の問題に進みましょう。次は、中1ギャップに関するユニット学習作りの問題です。

ユニット学習作り問題③

<状況>
○**対象学年・時期**：中学1年の4月～5月
○**生徒の実態**：
　小学校時代は元気に楽しく過ごしていたが、1つ1つのことをきちんと行うような生活まではできていなかった。中学校生活に期待をもつ一方、中学校の新しいルールや、知らないクラスメートとの関わりに不安をもっている。
○**学校の実態**：大きな問題を起こす生徒は少ないが、不登校傾向の生徒は多い。
○**目指す生徒像**：新しい環境での生活に前向きに取り組もうとする子

　上記の状況において、中1ギャップに対応できるような6時間のユニット学習を行います。あなたなら、どのようなユニット学習を構成しますか？

<ヒント>
・中1ギャップの解消につながる関連項目は何でしょう？

<配列案>

授業	扱う主題の内容項目	重点
第1時	―（　　）[　　　　　　　　　　　　　　]	
第2時	―（　　）[　　　　　　　　　　　　　　]	
第3時	―（　　）[　　　　　　　　　　　　　　]	
第4時	―（　　）[　　　　　　　　　　　　　　]	
第5時	―（　　）[　　　　　　　　　　　　　　]	
第6時	―（　　）[　　　　　　　　　　　　　　]	

※扱う内容項目の名前や番号は、小学校と異なるので、内容項目一覧表を確認しながらお選びください。

<配列例>

授業	扱う主題の内容項目	重点
第1時	A－（3）［向上心，個性の伸長］	○
第2時	B－（8）［友情，信頼］	
第3時	C－（15）［よりよい学校生活，集団生活の充実］	
第4時	B－（7）［礼儀］	
第5時	A－（2）［節度，節制］	
第6時	A－（4）［希望と勇気，克己と強い意志］	

　配列例では、目指す生徒像が「新しい環境での生活に前向きに取り組もうとする子」であることから、A－（3）［向上心，個性の伸長］を重点指導項目に選びました。「中学校に進学した子たちには、小学校よりも厳しく生活態度について教えないといけないぞ！」と考える先生もいると思います。しかし実態を見ると、生徒は中学校生活に不安を感じていて、学校にも不登校傾向の生徒が多いです。だからこそ、自分の個性をのびのびと伸ばしていこうとする生徒が育ってほしいという思いを込めました。

　とはいえ生徒には、「小学校時代に、1つ1つのことをきちんと行うような生活まではできていなかった」という実態があります。「元気に楽しく過ごしていた」ということから、もしかしたら少しいい加減で落ち着きのない面ももっているかもしれません。中学校に進学したのをきっかけに、自分自身の生活について、もう一度考えさせたいところです。そこで、関連項目としてA－（2）［節度，節制］、A－（4）［希望と勇気，克己と強い意志］を選びました。

　また、中学生になると違う小学校出身の生徒や、新しい先生とも一緒に生活することになります。「知らないクラスメートとの関わりに不安をもっている」という実態もあったことから、人との関わりについて改めて考えるため、B－（7）［礼儀］、B－（8）［友情，信頼］を選びました。そして、「新しい中学校のルールに不安をもっている」という実態から、C－（15）［よりよい学校生活，集団生活の充実］を選びました。

　ほかにも、生徒の年度当初の状況に応じて、A－（1）［自主，自律，自由と責任］、B－（9）［相互理解，寛容］、C－（10）［遵法精神，公徳心］を選んでもよかったと思います。A－（5）［真理の探究，創造］やC－（12）［社会参画，公共の精神］で、中学校卒業後の将来も見据えた学習の方向性を示すというアプローチも考えられます。

　最初に重点指導項目のA－（3）［向上心，個性の伸長］を扱い、中学校では一人一人

の個性を伸ばしていこうという方向性を生徒に示すようにしました。また、早い段階で友情や学校生活について考えることで、中学校に対する不安の軽減につながるようにしています。そのあとに、中学生として小学生よりもきちんとした生活態度が求められることについて、礼儀や節度をもって生活すること、目標に向かってがんばることなどを扱うようにしました。

　分類するならば、並列型の演繹型配列を使っています。ほかにも、同心円型で「自分自身→人との関わり→集団や社会との関わり」と拡大してつなげても面白い配列になることでしょう。

　このような配列によって、次のようなストーリーを描きました。

「期待とともに不安も抱えながら中学校に入学してきた生徒は、中学校では個性を伸ばしていこうと考える。そして、友情や学校生活について考えることで、入学当初にもっていた不安も消え始める。一方、小学校ではあまりできていなかったことについて、改めて大切さを考える。中学生としてふさわしい礼儀作法について考えたり、中学生として節度をもって生活することや、目標に向かって努力することの大切さについて考えたりすることを通して、充実した中学校生活について考えるようになっていく。」

　今回の問題は6時間で構成する単元にしたので、選ぶのが大変だったのではないでしょうか。どの内容項目を選ぶとよいのかを考えるとき、まさに児童生徒の実態に向かい合い、児童生徒を育てたい方向性を見据えるようなカリキュラム・マネジメントを行っているということです。主題や内容項目を選ぶことには時間がかかるかもしれませんが、その時間の分だけ、児童生徒の笑顔や充実した学校生活が訪れると思います。

　ここまでで、レベル1のユニット学習は終了です。実際に単元作りをやってみて、目指す児童生徒像というゴールに近づく単元は作れましたか？ゴールに近づくためのアプローチは様々ですので、自分なりの素敵な単元をこれからも作っていけるといいですね。

　ユニット学習を作るワークシートのテンプレートを次のページに載せておきますので、ご自身の学校で実践する際にご活用ください。

　それでは、いよいよレベル2に進みます。さらに複雑な単元を作る覚悟はできたでしょうか（ゴクリ）。次は、各教科等の教育活動とより密接に関連づける、総合単元的な道徳学習作りの問題です。

ユニット学習作りワークシート

☆次の状況を書き込んで、行いたいユニット学習を整理しましょう。

○対象学年・時期：

○児童生徒の実態：

○学校の実態：

○地域の実態：

○目指す児童生徒像：

○各教科等の教育活動：

○学校独自の教育活動：

☆ユニット学習の構成を考えて、書き込んでみましょう。

授業	扱う主題の内容項目	重点	各教科等の教育活動
第1時	一（　　）[　　　　　　　　　]		
第2時	一（　　）[　　　　　　　　　]		
第3時	一（　　）[　　　　　　　　　]		
第4時	一（　　）[　　　　　　　　　]		
第5時	一（　　）[　　　　　　　　　]		
第6時	一（　　）[　　　　　　　　　]		
第7時	一（　　）[　　　　　　　　　]		
第8時	一（　　）[　　　　　　　　　]		

レベル２　総合単元的な道徳学習

（１）総合単元的な道徳学習の作り方

　レベル２でチャレンジするのは、総合単元的な道徳学習の構成についてです。総合単元的な道徳学習の単元は、複数時間の道徳科の授業と、ユニット学習よりも密接に関連づけた各教科等の教育活動から構成されます。授業数が多ければ、中単元や大単元と呼ぶこともできます。

　ユニット学習のときと同じくらいの授業数でも、総合単元的な道徳学習は構成できますが、ここではもう少し大きな規模の単元作りにチャレンジしてもらおうと思っています。そのため、複数の中単元から構成される、大単元作りを行います。

　第２章３節では、単元の構成法について、大単元を実際に作りながら、詳しく説明しました。基本的には、それと同じようなことを、より密接に各教科等の教育活動と関連づけて行うということです。

　学習指導要領に定められている各教科等の教育活動については、各校で採択している各教科の教科書や、学校の独自性などによって、実際に行う活動が学校ごとに異なる場合があります。そのため、問題文で各教科等の活動内容をある程度指定しますので、それをどのタイミングで道徳科の授業と関連づけるかをお考えください。もし問題に書かれた活動内容に違和感がある場合は、勤務校における活動内容に置き換えて考えてくだされればよいかと思います。

　ここでのポイントは２つあります。１つは、「大単元の中に、複数の中単元をうまく構成できるか」ということです。中単元の構成については、ユニット学習の作り方と同様になります。もう１つは、「各教科等の教育活動と、道徳科の授業の時期を、並行してうまく合わせられるか」です。第２章３節（４）の配列法を参考にすると考えやすいかと思います。

（２）総合単元的な道徳学習の構成にチャレンジしてみよう

　レベル２は、総合単元的な道徳学習の単元を構成する問題を出します。問題ではユニット学習作りと同様に、単元を作る前の状況を示します。それに対して、どの主題（内容項目）を選び、各教科等における教育活動とどのように関連づけ、それをどのような配列にすればよいのかを考えてください。ユニット学習よりも多様なアプローチができるため、多くの配列案を考えられるようになりますので、あとに示す配列例は作り方の参考として見ていただくとよいかと思います。

　授業数がユニット学習よりも多くなるため、最初に選ぶ内容項目数が授業数ぴったりだと、あとで中単元を構成するときに、パズルのようになってうまく組めないことがあります。そのため、道徳科の内容項目を選ぶときは、単元内の授業数よりも少し多めに

選んでおくとよいと思います。多めに選んでおいて、単元の構成に不必要だったものは、違う学習の単元にまわす、という選び方だと構成しやすいと思います。

そのためレベル2では、いきなり配列案を書くのではなく、先に「扱う内容項目案」を書くようにしてあります。「そんなことしなくても自分は大丈夫」という先生ならば、この欄は飛ばしてもかまいません。

ユニット学習同様に、巻末の付録にある内容項目一覧表も参考にしながらお考えください。

総合単元的な道徳学習作り問題

<状況>
○**対象学年・時期**：小学２年の５〜７月
○**児童の実態**：
　自然の中で遊ぶ場所があまりないため、自然とふれあう機会が少ない。大人が
　助けてくれることを当たり前と思っていて、人にあまり感謝しない。
○**目指す児童像**：栽培の大変さを実感し、支えてくれる人に感謝する子
○**各教科等の教育活動**：
　生活科「花ややさいをそだてよう」
　・５月上旬に苗を植え、野菜の収穫まで観察をしながら約２ヶ月間栽培する。
　・６月下旬頃からは、野菜が収穫できるようになる。

　上記の状況において、２つの中単元からなる、８時間の総合単元的な道徳学習
を行います。あなたなら、各教科等の教育活動と関連づけて、どんな単元を構成
しますか？

<ヒント>
・関連項目をとりあえずたくさん選んだ上で、それを取捨選択しながらストーリー
　を考えると、あとで複数の中単元を構成しやすいです。
・各教科等の教育活動の時期に合わせて、どの内容項目を扱いますか？

<扱う内容項目案>

― （　）[　　　　　　　]	― （　）[　　　　　　　]
― （　）[　　　　　　　]	― （　）[　　　　　　　]
― （　）[　　　　　　　]	― （　）[　　　　　　　]
― （　）[　　　　　　　]	― （　）[　　　　　　　]
― （　）[　　　　　　　]	― （　）[　　　　　　　]
― （　）[　　　　　　　]	― （　）[　　　　　　　]

<ヒント>
・大単元や中単元の重点指導項目やテーマは何にしますか？
・中単元1と中単元2の時間数は、何時間で構成しますか？

<配列案>

授業	中単元	扱う主題の内容項目	重点	各教科等の教育活動
第1時		― （　　） [　　　　　　　　　　　]		
第2時		― （　　） [　　　　　　　　　　　]		
第3時		― （　　） [　　　　　　　　　　　]		
第4時		― （　　） [　　　　　　　　　　　]		
第5時		― （　　） [　　　　　　　　　　　]		
第6時		― （　　） [　　　　　　　　　　　]		
第7時		― （　　） [　　　　　　　　　　　]		
第8時		― （　　） [　　　　　　　　　　　]		

◎**大単元のテーマ**　　[　　　　　　　　　　　　　　　　　　　　　　]
○**中単元1のテーマ**　[　　　　　　　　　　　　　　　　　　　　　　]
○**中単元2のテーマ**　[　　　　　　　　　　　　　　　　　　　　　　]

※中単元1は第何時～第何時まで、中単元2は第何時～第何時まで、とわかるように、欄を区切って数字を書いてください。

※大単元や中単元には、テーマを書いてください。
※中単元の重点指導項目には○を、大単元の重点指導項目には◎を書いてください。

※各教科等の教育活動は、複数時間継続して行う場合は、欄を区切って書き込んでください。

＜配列例＞

授業	中単元	扱う主題の内容項目	重点	各教科等の教育活動
第1時		D－(17)［生命の尊さ］		生活科：野菜の苗植え
第2時	1	A－(3)［節度，節制］		
第3時		D－(18)［自然愛護］	○	生活科：野菜の栽培
第4時		C－(13)［家族愛，家庭生活の充実］		
第5時		B－(7)［感謝］	◎	
第6時	2	B－(8)［礼儀］		生活科：野菜の収穫
第7時		A－(4)［個性の伸長］		
第8時		B－(6)［親切，思いやり］		

◎**大単元のテーマ**　［　いのちをささえてくれる人についてかんがえよう　　　　　］
○**中単元1のテーマ**　［　やさいのいのちのたいせつさをかんがえよう　　　　　　　］
○**中単元2のテーマ**　［　ささえてくれる人についてかんがえよう　　　　　　　　　　］

　配列例では、目指す生徒像が「栽培の大変さを実感し、支えてくれる人に感謝する子」であることから、まず2つの中単元の見通しを立てました。1つは、栽培活動と関連づける中単元で、もう1つが感謝について考える中単元です。そのため、1つめの中単元ではD－(18)［自然愛護］を、2つめの中単元ではB－(7)［感謝］を重点指導項目に選びました。

　この2つの中単元は、「自然の中で命を育てる大変さを実感することで、自分の命を育ててくれた人への感謝について深く考える」という形でつながることが考えられます。そこで、大単元としての重点指導項目は、B－(7)［感謝］にしました。このようなことから、大単元のテーマを「いのちをささえてくれる人についてかんがえよう」と設定しました。

　何度も言いますが、これは配列のほんの一例に過ぎませんので、これを読まれている先生が異なる配列を考えていたとしても、児童が成長するストーリーが思い描けていたのであれば問題ないとわたしは考えています。

児童には、「自然とふれあう機会が少ない」という実態があります。生活科の指導内容にも、「身近な自然との触れ合い」という視点で「身近な自然を観察したり、生き物を飼ったり育てたりするなどして、自然との触れ合いを深め、生命を大切にすることができるようにする」という内容がありますので、道徳教育として生活科の特質に従って児童を成長させたいところです。地域の気候にもよりますが、４月下旬か５月上旬頃に野菜の種や苗を植え、それを育てていけば、ミニトマトやナス、ピーマンなどなら、夏休みに入る前には収穫できるようになっています。

　中単元１「やさいのいのちのたいせつさをかんがえよう」では、生活科の栽培活動と道徳科の授業を関連づけたいと思います。野菜の種や苗を植えると、２年生の児童たちの多くは大喜びで水をあげ、野菜が大きく育ってほしいという願いをもちます。しかし、２年生だと朝の生活リズムがまだできていない児童もいますので、毎朝の水やりを忘れて、枯らしてしまうこともあります。そこで、関連項目として、A－（３）［節度，節制］、D－（17）［生命の尊さ］を選びました。

　２年生なら、野菜の苗に名前を付けて、まるで友達のように育てる児童もいますので、中単元１では最初にD－（17）［生命の尊さ］を扱い、野菜の命を大切にすることについて考えるようにしました。また、A－（３）［節度，節制］も早い段階で扱い、きちんとした自分の生活が野菜の命をきちんと育てることにつながっていることを考えるようにしました。その上で、重点指導項目のD－（18）［自然愛護］を扱い、直列型で帰納的に、自然を大切にすることについて考えを深めるようにしています。

　２年生は算数科で「長さ」の学習があり、30cmものさしでものの長さを測る活動を行います。それも関連づけて、野菜の命の生長を「長さ」によって実感する、という教科横断的なアプローチも可能です。

　最初は喜んでしていた水やりも、児童たちはしばらく経っても野菜がならないと、毎日の水やりが面倒になってきます。そこで、命を育てるということの大変さに気づきます。その一方で、野菜の苗の生長を実感する中で、命を育てることの大切さも学んでいくのです。中単元２では、収穫に至るまでの生活科の栽培活動と道徳科の授業を関連づけたいと思います。

　野菜の苗を育てることの大変さがわかっても、それだけでは、野菜だけの学びで終わってしまいます。野菜の苗の命に関する学習を、自分自身の命につなげられれば、野菜の苗を育てる苦労は、自分の命を大切に育ててくれている親の苦労を理解することにつながります。それは、親に対する感謝の気持ちを生みます。また、命に関する学習を自分の命へとつなげれば、自分のよさを伸ばすことが、自分の命を大切にすることだとわかるようになります。他者の命へと広げれば、クラスメートなどにも大切に育てている親がいて、一人一人に大切な命があるということへの理解につながります。それは、他者を思いやる心を生みます。

　そこで、関連項目としてC－（13）［家族愛，家庭生活の充実］、A－（４）［個性の伸長］、

Ｂ－（６）［親切，思いやり］を選びました。生命の尊さは、多くの道徳的価値の土台となっています。重点指導項目とはしませんでしたが、大切にしたい内容項目の１つです。

　食べ物が十分でなかった昔と比べ、今は給食でおなかを満たさずとも、家に帰って好きなおやつや食事が食べられる時代になりました。好き嫌いをする子がいるのは昔も今も変わりませんが、その切実感が異なるように思えます。しかし、野菜を栽培していると、毎日自分が苦労して水やりをした成果として、大きな野菜が実るようになります。そこで児童は、食べ物は元々植物や動物の命であり、それをもらっているのだということが理解できるようになってきます。すると、その感謝の思いは、食べ物に対しても向けられることになり、これまでは先生から言われるままに言ってきた「いただきます」「ごちそうさま」という言葉の意味がわかるようになります。そこで、関連項目としてＢ－（８）［礼儀］を選びました。

　もちろん、生活科の活動と道徳科の学びをより深く関連づけるには、道徳科の授業において発問や指導過程を工夫するとよいのですが、それは本書の主旨からは外れてしまうため、子細は省かせていただきます。

　中単元２「ささえてくれる人についてかんがえよう」では、最初にＣ－（13）［家族愛，家庭生活の充実］を扱い、野菜の栽培活動の苦労を、親の子育ての苦労に投影して考えられるようにしました。そして、重点指導項目のＢ－（７）［感謝］を扱い、支えてくれている人への感謝の気持ちを深めようと思いました。

　そこから広げて、食べ物の命を大切にするということからＢ－（８）［礼儀］を扱います。この頃には、すでに野菜の収穫が始まっている頃ではないかと思われます。そして、自分自身の命を大切にするということからＡ－（４）［個性の伸長］を、他者の命を大切にするということからＢ－（６）［親切，思いやり］を扱うようにしました。

　分類するならば、中単元２は「直列－並列」型の「帰納－演繹」型配列を使っています。地域ごとに栽培活動の時期が異なるので、違った配列も考えられると思います。

　ほかにも、人の命を大切にすることを強調するなら、中単元２の後半で、Ｃ－（11）［公正，公平，社会正義］やＣ－（12）［勤労，公共の精神］を選んでもよかったと思います。自分の命の大切さを強調するなら、Ａ－（１）［善悪の判断，自律，自由と責任］やＡ－（５）［希望と勇気，努力と強い意志］を扱うアプローチも考えられます。

　このような配列によって、次のようなストーリーを描きました。

「自然とあまりふれあわずにいた児童は、生活科の野菜の栽培を行いながら、野菜のもつ命について考えるようになる。そして、節度をもった生活をすることが、ちゃんと水やりして自然を大切にすることにつながるのだと実感をもって理解する。毎日水やりを行う苦労は、自分の親がしてくれている子育てとつながっていることに気づき、親への感謝の気持ちを強くする。そこから、食べ物の命や自分の命、人の命を大切にすることについて考えるようになっていく。」

今回の問題は、2つの中単元から大単元を構成した上に、各教科等との密接な関連を考慮しながら配列を考えたので、大変だったのではないでしょうか。文部科学省は、道徳科に限らず、各教科等の教育活動を教科横断的に関連づける、グランドデザイン作りを各校に求めています。それは、大変な作業をさせて教員の勤務時間を延ばすためではありません。教科横断的なグランドデザインが実現すれば、児童生徒の学びが深まり、児童生徒によりよい人間性が育つようになるからです。それは結果として、落ち着いた学校生活を作り出すことにつながり、児童生徒の問題行動の対応に追われる先生方の勤務時間の短縮にもつながります。そんなグランドデザイン作りの土台となるようなカリキュラム・マネジメントが、道徳科を要として進むことを願ってやみません。

　これで、レベル2の総合単元的な道徳学習は終了です。1問だけでしたが、時間がかかったのではないでしょうか。練習問題として、各学年ごとの状況を端的に示しておきますので、構成を考える練習問題としてご活用ください（配列例は載せていません）。

総合単元的な道徳学習作り 練習問題　＜学年の状況や、各教科等の教育活動＞

○小学1年：1学期のスタートカリキュラム
○小学1年：3学期の進級を見据えた生活
○小学2年：2学期の生活科の町探検
○小学3年：1学期の社会科の市内見学
○小学3年：2学期の社会科の職場見学
○小学4年：1学期の社会科の浄水場見学
○小学4年：総合的な学習の時間の二分の一成人式
○小学5年：1学期の高学年としての生活
○小学5年：自然宿泊学習とその事前事後の学習
○小学6年：修学旅行とその事前事後の学習
○小学6年：3学期の卒業式とその事前の学習や行事
○中学1年：1学期の中学校における新しい生活
○中学1年：3学期の進級を見据えた生活
○中学2年：14歳になることに関する法教育
○中学3年：進路選択に関する学習
○中学3年：3学期の卒業式とその事前の学習や行事

※学校や地域によって、活動内容や時期は異なることがあります。

　総合単元的な道徳学習を作るワークシートのテンプレートを次のページに掲載しておきますので、ご自身の学校でも実践する際などにご活用ください。

　それでは、いよいよ最後のレベル3に進みたいと思います。レベル3で扱うのは、小中9年間を見通した、発展的な年間指導計画作りに関する問題です。

総合単元的な道徳学習作りワークシート（実践前の状況）

○対象学年・時期：

○児童生徒の実態：

○学校の実態：

○地域の実態：

○目指す児童生徒像：

○各教科等の教育活動：

○学校独自の教育活動：

☆次の状況を書き込んで、行いたい総合単元的な道徳学習の内容を整理しましょう。

総合単元的な道徳学習作りワークシート（扱う内容項目）

☆扱う内容項目を書き込んで整理しましょう。下の内容項目一覧表の番号に○や◎をつけて、扱う内容項目を整理することもできます。

―（　）［　　　　　　　　　　］	―（　）［　　　　　　　　　　］
―（　）［　　　　　　　　　　］	―（　）［　　　　　　　　　　］
―（　）［　　　　　　　　　　］	―（　）［　　　　　　　　　　］
―（　）［　　　　　　　　　　］	―（　）［　　　　　　　　　　］
―（　）［　　　　　　　　　　］	―（　）［　　　　　　　　　　］
―（　）［　　　　　　　　　　］	―（　）［　　　　　　　　　　］
―（　）［　　　　　　　　　　］	―（　）［　　　　　　　　　　］
―（　）［　　　　　　　　　　］	―（　）［　　　　　　　　　　］

	内容項目	1年	2年	3年	4年	5年	6年	中学		内容項目
A 自分自身	善悪の判断，自律，自由と責任	(1)	(1)	(1)	(1)	(1)	(1)	(1)	A 自分自身	自主，自律，自由と責任
	正直，誠実	(2)	(2)	(2)	(2)	(2)	(2)	(2)		節度，節制
	節度，節制	(3)	(3)	(3)	(3)	(3)	(3)	(3)		向上心，個性の伸長
	個性の伸長	(4)	(4)	(4)	(4)	(4)	(4)	(4)		希望と勇気，克己と強い意志
	希望と勇気，努力と強い意志	(5)	(5)	(5)	(5)	(5)	(5)	(5)		真理の探究，創造
	真理の探究	/	/	/	/	(6)	(6)	(6)	B 人との関わり	思いやり，感謝
B 人との関わり	親切，思いやり	(6)	(6)	(6)	(6)	(7)	(7)	(7)		礼儀
	感謝	(7)	(7)	(7)	(7)	(8)	(8)	(8)		友情，信頼
	礼儀	(8)	(8)	(8)	(8)	(9)	(9)	(9)		相互理解，寛容
	友情，信頼	(9)	(9)	(9)	(9)	(10)	(10)	(10)	C 集団や社会との関わり	遵法精神，公徳心
	相互理解，寛容	/		(10)	(10)	(11)	(11)	(11)		公正，公平，社会正義
C 集団や社会との関わり	規則の尊重	(10)	(10)	(11)	(11)	(12)	(12)	(12)		社会参画，公共の精神
	公正，公平，社会正義	(11)	(11)	(12)	(12)	(13)	(13)	(13)		勤労
	勤労，公共の精神	(12)	(12)	(13)	(13)	(14)	(14)	(14)		家族愛，家族生活の充実
	家族愛，家庭生活の充実	(13)	(13)	(14)	(14)	(15)	(15)	(15)		よりよい学校生活，集団生活の充実
	よりよい学校生活，集団生活の充実	(14)	(14)	(15)	(15)	(16)	(16)	(16)		郷土の伝統と文化の尊重，郷土を愛する態度
	伝統と文化の尊重，国や郷土を愛する態度	(15)	(15)	(16)	(16)	(17)	(17)	(17)		我が国の伝統と文化の尊重，国を愛する態度
	国際理解，国際親善	(16)	(16)	(17)	(17)	(18)	(18)	(18)		国際理解，国際貢献
D 生命 自然 崇高	生命の尊さ	(17)	(17)	(18)	(18)	(19)	(19)	(19)	D 生命 自然 崇高	生命の尊さ
	自然愛護	(18)	(18)	(19)	(19)	(20)	(20)	(20)		自然愛護
	感動，畏敬の念	(19)	(19)	(20)	(20)	(21)	(21)	(21)		感動，畏敬の念
	よりよく生きる喜び	/	/	/	/	(22)	(22)	(22)		よりよく生きる喜び

総合単元的な道徳学習作りワークシート（単元の構成）

☆総合単元的な道徳学習の構成を考えて、書き込んでみましょう。

授業	中単元	扱う主題の内容項目	重点	各教科等の教育活動
第1時		―（　　）[　　　　　　　　　　]		
第2時		―（　　）[　　　　　　　　　　]		
第3時		―（　　）[　　　　　　　　　　]		
第4時		―（　　）[　　　　　　　　　　]		
第5時		―（　　）[　　　　　　　　　　]		
第6時		―（　　）[　　　　　　　　　　]		
第7時		―（　　）[　　　　　　　　　　]		
第8時		―（　　）[　　　　　　　　　　]		
第9時		―（　　）[　　　　　　　　　　]		
第10時		―（　　）[　　　　　　　　　　]		
第11時		―（　　）[　　　　　　　　　　]		
第12時		―（　　）[　　　　　　　　　　]		
第13時		―（　　）[　　　　　　　　　　]		
第14時		―（　　）[　　　　　　　　　　]		
第15時		―（　　）[　　　　　　　　　　]		
第16時		―（　　）[　　　　　　　　　　]		

　◎大単元のテーマ　　[　　　　　　　　　　　　　　　　　　　　　　　　　　]
　○中単元1のテーマ　[　　　　　　　　　　　　　　　　　　　　　　　　　　]
　○中単元2のテーマ　[　　　　　　　　　　　　　　　　　　　　　　　　　　]
　○中単元3のテーマ　[　　　　　　　　　　　　　　　　　　　　　　　　　　]
　○中単元4のテーマ　[　　　　　　　　　　　　　　　　　　　　　　　　　　]

レベル３　発展的な年間指導計画

（１）発展的な年間指導計画の構成とは

　年間指導計画は、大単元によって構成できるものですから、学期に１つの大単元であれば、３つの大単元をつなげれば、年間指導計画の完成です。ここまでできれば、各学年の道徳科の年間指導計画を作ることはそんなに難しくないことかと思います。

　どうしても単元の中に組み込めず、１つだけ浮いてしまう授業や、季節感や行事との関連付けを重視して、一連の流れから飛び出してしまう授業があるかもしれませんが、それが必ずしもよくない配列であるとは限りません。人生における学びはすべて連続的なものになっているわけではありませんので、場当たり的な選択になっていなければ問題ないと思います。

　年間指導計画の書き方は、学校によって多種多様なため、本書では年間指導計画の書き方のテンプレートについては紹介していません。これまでに説明してきた方法を使ってできた配列や単元を、各校の書き方で年間指導計画の形に表してくださるとよいかと思います。

　参考までに、学習指導要領の解説書で年間指導計画に明記するよう求めているのは、「各学年の基本方針」「各学年の年間にわたる指導の概要」です。後者については具体的に、「指導の時期」「主題名」「ねらい」「教材」「主題構成の理由」「学習指導過程と指導の方法」「他の教育活動等における道徳教育との関連」などが示されています。

　では、レベル３では何を考えるかというと、第１章第３節や第２章第３節でも述べました、「発展的な年間指導計画」の構成についてです。

　小学校や中学校では、教師が担当する児童生徒は、１年で替わることが多いです。しかし小学校に入学してきた児童に対してなら、小学１年のゴールだけでなく、小学６年の卒業式に、どのように道徳性が成長した状態で卒業していくのか、というゴールも見据えたいです。また、中学３年の卒業式ではどのように道徳性が成長した状態で卒業し、新しい進路へと進んでいくのかというゴールも見据えたいです。

　その９年間をもってしても、児童生徒の人生の中で教員が受けもつことができるのは、ほんの一部分だけです。本来なら、社会に出てから、社会人としてどのように生活するのか、というところまで見据えた教育活動をできることが目指すところなのだと思います。人間は、生まれてから死ぬまでずっと学び続けているのです。だからこそ、せめて義務教育の９年間は、小中学校の先生方で、発展的な成長を見据えた教育を行っていただきたいと思うわけです。

　しかしそれは、働き方改革が提唱される昨今において、決して簡単なことではないのも事実です。日々の仕事に忙殺され、目の前の子どもたちや保護者への対応に精一杯で、先を見据える余裕をもつことが難しい事情もあるのではないでしょうか。

　一方、道徳教育に関しても、道徳科の授業法に関する研究や、教材に関する研究が進められてきました。授業でどんな発問をするか、どんな板書をするか、教材をどのように授業に生かすか……。もちろんそれらは、とても大切なことばかりです。しかし、そこに「児童生徒の9年後のゴール」は見えていません。それらは、目の前の児童生徒を、「1時間後のゴール」に近づけるための方法研究です。

　そのためレベル3では、これまでのような単元作りではなく、小中学校の9年間でどのような児童生徒に育っていってほしいかという、「発展性をもった目指す児童生徒像作り」について考えることにしました。都道府県によっては、小学校と中学校の間で教員の人事交流があるので、その場合は9年間を意識しやすいのですが、それがない都道府県もあります。その場合は、勤務校における小学校6年間や中学校3年間という広い視点からチャレンジしていただきたいと思います。

（2）発展的な年間指導計画の構成にチャレンジしてみよう

　第1章第3節の**図1**では、学習指導要領に書かれた、「発達の段階や特性等を踏まえた、重点化の際の留意事項」をまとめた図を紹介しました。また、第2章第3節の**表3**では、「学年内や学年間の発展性を考慮した、学期ごとに大単元を構成するモデル」を示しておきました。

　ここでは、もう少しわかりやすい言葉を使って、1年ごとの目指す児童生徒像を9年間分描いてもらおうと思います。小説やマンガでも、長編や長期連載になると、最初は主人公の幼少期を描いていたのに、それが少年期・青年期へと続いていき、物語によっては老年期まで描かれているものもありますよね。その主人公たちは、一体どんな人生のストーリーを歩んできたのでしょうか。そのように、ストーリーのゴールを、1年ごとに目指す児童生徒像という形で表すことで、発展性をもって道徳性が成長する9年間の全体像を示していただきたいと思います。

　例えば、児童生徒のキャリア発達を促すようなキャリア教育によっても、児童生徒の道徳性は様々に変容します。小規模校などで異学年間の縦割り学習を充実させている学校であれば、上級生は下級生をお世話することを当たり前として生活をしていますので、学年が上がるごとに上級生としての自覚をもった姿になっていきやすいです。逆に、キャリア教育が充実していない場合は、高学年といってもただ小学校生活に慣れているだけで、低学年や中学年の頃よりもだらしない生活を送る児童もいます。

　このような、児童生徒の道徳性が成長した姿というのは、児童生徒や学校、地域の実態によって本当に様々です。だからこそ、これらの実態を考慮した年間指導計画を作成するようなカリキュラム・マネジメントが、現場に求められるのです。教科書カリキュラムに頼りすぎ、全国画一的なカリキュラム・オナジメントになってしまっては、児童生徒の道徳性を豊かに育てることはできません。児童生徒や学校、地域の実態を考慮し、学校独自で発展性のある年間指導計画を作成してください。

しかし、「今から９年間分の年間指導計画作りにチャレンジしてください」なんて言われても、膨大な時間がかかってしまいますよね。そこでレベル３では、年間指導計画を作るのではなく、「９年間分の発展的な目指す児童生徒像を作る」という問題を出したいと思います。発展性を意識しながら、９年間分の目指す児童生徒像を考えてみてください。

　９年間を見通す上で、事前に把握しておきたい実態は、単元作りの場合と少し異なります。児童生徒の実態も、新１年生の４月の実態だけでなく、これまで自分が出会ってきた児童生徒にはどのような道徳性の傾向があったのかや、これまでの勤務校ではどのような児童生徒が育っているのかを書いてください。それが、「スタート」になります。そして目指す児童生徒像の欄には、中学３年生の卒業式の生徒の姿を思い描いてください。それが、「ゴール」になります。

　そして、児童生徒の道徳性に関係するような、学校の実態や地域の実態を書きます。例えば、落ち着いている学校や運動が得意な子が多い学校もあれば、学力に心配のある子や不登校傾向の子が多い学校、問題行動を起こす子が多い学校などもあるでしょう。また、保護者が学校に対して協力的な地域や、地域の伝統を大切にしている地域、自然が豊かでそこでふれあう機会が多い地域もあれば、保護者の協力が得られにくい地域や、登下校で児童生徒に危険が及ぶ心配のある地域などもあるでしょう。

　最初から道徳性によい傾向が見られる学校や地域の児童生徒には、より素晴らしい道徳性を育てる９年間を思い描いてください。問題が多い傾向のある学校や地域の児童生徒の場合などは、９年間で何ができるようになって、どこまで道徳性が成長することを目指すのかを思い描いてください。

　第１章第３節の**図１**や、第２章第３節の**表３**を基本としつつも、児童生徒の実態を思い描きながら、スタートからゴールまでの９年間の発展性を考えてほしいと思います。次のページにワークシートを載せましたので、それを使って考えてみてください。

　その次のページには、一般的な例を示しておきましたので、参考にしてくださると幸いです。

発展的な年間指導計画作りワークシート

☆次の状況を書き込んで、9年間で育てたい道徳性を整理しましょう。

○児童生徒の実態：

○学校の実態：

○地域の実態：

○目指す児童生徒像：

☆目指す児童生徒像を書き込んで、9年間の発展性を整理しましょう。

小学1年	
小学2年	
小学3年	
小学4年	
小学5年	
小学6年	
中学1年	
中学2年	
中学3年	

＜発展的な目指す児童生徒像例＞

小学1年	小学校で大切なことをきちんと守ろうとする子
小学2年	自分でやるべきことを自分からやろうとする子
小学3年	自身の校区について考えて生活しようとする子
小学4年	地域と自分とのつながりを考えて生活しようとする子
小学5年	高学年としての役割を考えて行動しようとする子
小学6年	最上級生としての自覚をもち、自己の生き方について考えを深める子
中学1年	中学生にふさわしい態度を考えて生活しようとする子
中学2年	働くことへの意識を高め、職業について考えようとする子
中学3年	将来を見据え、人間としての生き方について考えを深める子

　ここに示した例は、児童生徒や学校、地域の実態を考慮しないで、9年間の発展性を考えたものです。全国の様々な実態を考慮すると、あまりにも多くの例が必要になるため、ここでは一般的な例を示すにとどめています。小中学校の先生方には、これまで関わってきた児童生徒を思い出しながら、勤務校の実態に合ったものを考えていただきたいです。

　先ほど述べたように、ここでは発展性をもった目指す児童生徒像だけを考えています。道徳科の年間指導計画については、目指す児童生徒像に合わせて各校で作成してくださるとよいかと思います。

　ここまでで、主題の配列や単元の構成にチャレンジする第3章は終了です。各教科等の教育活動と関連づけながら、道徳科の主題（内容項目）を配列することで、よりよい道徳性を育てる単元を構成するということが、なんとなくつかめてきたでしょうか？

　第4章では話を変えて、道徳科の年間指導計画のカリキュラム・マネジメントについて、もう少しだけ詳しい話をしたいと思います。

第4章
年間指導計画のカリキュラム・マネジメント

1　カリキュラム・マネジメントと評価

（1）カリキュラム・マネジメント

　第3章までのやり方で作った年間指導計画は、いくらよいものができたとしても、来年度も使えるわけではありません。なぜなら、学年が変わると、児童生徒の実態が変わるからです。違う児童生徒に対して、同じ年間指導計画を使っては、道徳性を効果的に育てられなくなることがあります。地域の実態は、1年間でそこまで大きくは変わらないとはいえ、学校の実態は1年間で大きく変わることもあります。

　また、教科書も数年に一度内容が変わります。変わってしまう教材があると、ねらいと教材から構成する主題を変えなければならなくなり、年間指導計画の一連の流れが崩れてしまうこともあります。これまで、主題ではなく内容項目で例を示したのはこれも理由の1つなのですが、内容項目でストーリーを描く配列ができていれば、教材が変わっても配列のストーリーが崩れにくいので、内容項目から配列することを勧めています。とはいえ教材によっては、同じ内容項目でもすごく内容が異なるものもあり、教材の変更でストーリーの流れがおかしくなることもあります。

　そのようなことを考えると、今年度にいくら素晴らしい年間指導計画ができたとしても、やっぱり次年度は新しい年間指導計画にカリキュラム・マネジメントしなければならないのです。実はこのことは、道徳の時間が始まった昭和33年（1958年）の小学校道徳指導書にも書かれています。それを引用すると、

「指導計画は、前年度の反省の上に立って、改善を加えるべき諸点を明らかにして、毎年度作成する必要がある。同じ計画を形式的にくり返すようなことは避けなければならない。」

と書いてあります。なんと今から60年以上も前に、道徳の時間が始まったばかりの段階から、毎年年間指導計画をカリキュラム・マネジメントする必要があると指摘されていたのです。これってすごいことですよね。

　それに対して現在では、中央教育審議会が平成28年の答申で、カリキュラム・マネジメントについて次のように述べています。

「教育内容の質の向上に向けて、子供たちの姿や地域の現状等に関する調査や各種データ等に基づき、教育課程を編成し、実施し、評価して改善を図る一連のPDCAサイクルを確立すること。」

ここでいう「一連のPDCAサイクル」とは、次のことを表しています。

・P（Plan：計画）　　→ 教育課程の編成
・D（Do：実施）　　　→ 教育課程に基づく教育活動の実施
・C（Check：評価）　 → 教育課程に基づく教育活動の評価
・A（Action：改善）→ 教育課程の改善

これを道徳教育において考えてみましょう。Pは、本書の中心となっている、道徳科の年間指導計画や、道徳教育の全体計画などを構成することが該当します。Dは、それに基づいて実践を行うことです。Cは、実践によって児童生徒にどのような道徳性が育ったのかや、学習状況にはどのような成長が見られたのかなどを評価することが該当します。第2章3節（1）で、「目指す児童生徒像の設定をするときに、どういう結果が出たら、『ゴールした』と判断するのか、その評価方法も決めておきたい」と述べたのを覚えているでしょうか。それがここにつながってきます。Aは、道徳科の年間指導計画や、道徳教育の全体計画などを改善すること、すなわちカリキュラム・マネジメントを行うことです。

このような4つの段階を繰り返しループすることで、より児童生徒の実態に合った年間指導計画や、より道徳性を育てるのに効果的な年間指導計画を作ることができるというわけです。

ここで気をつけたいのは、残念ながら多くの学校では、道徳科の年間指導計画に基づく実践について、児童生徒の道徳性に係る評価は行われていないということです。評価しなければ、やったことが良かったのか悪かったのかを判断することができず、ただやりっぱなしの実践になってしまいます。そうすると、評価はおろか、カリキュラム・マネジメントによって改善することもできなくなります。

そこで、第2章3節（2）①でも述べましたが、よりよいカリキュラム・マネジメントを行うためには、「各学年の児童生徒の道徳性に係る実態の把握」が必要になります。面接や観察、アンケート調査などを用いることで、児童生徒の道徳性を把握するような評価を行い、児童生徒の道徳性がきちんとゴールに向かって成長したのかを評価してあげてください。もし時間が許すならば、「実践前」「実践中」「実践後」の継続的な評価を行えれば、より信頼性のある評価を行うことができるでしょう。

ただし気をつけたいことが1つあります。これまで、目指す児童生徒像というゴールに向かうストーリーを立てることの大切さを何度も何度も述べてきましたが、あくまでも、ゴールというのは「学習の方向性」であり、「学習の到達地点」ではないというこ

とです。「このような道徳性をもった児童生徒を育てたい」と教員が思うことは大切なのですが、その思い通りに育てようとすることは、教員の価値観に児童生徒を当てはめようとするような、道徳教育が目指すものとは正反対の活動になる恐れがあります。目指す方向に向かって学習した結果、児童生徒に見られた様々なよいところを見つけ、まさに通知表の評価欄のように、そのよさを認め励ますような評価が行えるとよいですね。その上で、評価の結果を踏まえてよりよい年間指導計画に改善できるとよいかと思います。

　ただし、年間指導計画を改善しても、次年度には違う先生がその学年を担当することが多いです。いくらよいカリキュラム・マネジメントを行っても、それが次年度の先生に伝わらないと、意味がありませんよね。そのため、年度末には年間指導計画のデータを朱書きで修正し、改善の意図を書き込んでおいたり、紙で印刷した年間指導計画に、申し送り事項を書き込んでおいたりするとよいかと思います。

　これらのことを踏まえて、実際にカリキュラム・マネジメントを行うならば、次の5点に関して行うことが考えられます。

　　・単元で扱う内容項目の数や、A〜Dの視点ごとの授業数の調整
　　・ねらいや教材の変更
　　・内容項目の配列順や、扱う時期の変更
　　・関連づける各教科等の教育活動の変更
　　・重点指導項目や目指す児童生徒像の変更

　例えば、「もっと自分自身のことを考えさせるために、単元のAの視点の授業数を増やそう。」とか、「教材の内容を子どもがあまり理解できていなかったから、違う教材の方がよかったかな。」などのカリキュラム・マネジメントを考えることができます。ほかにも、「A［節度，節制］を一番最初に扱うより、A［正直，誠実］を最初にした方が、学習の方向性がわかりやすいな。」とか、「理科で小動物の飼育活動が始まる時期にD［生命の尊さ］を扱った方がいいな。」とか、「この単元の重点指導項目は、A［真理の探究，創造］よりD［よりよく生きる喜び］の方がよかったな。」などの改善を考えることもできます。

　もちろん、児童生徒の道徳性は、道徳科の授業だけで育つわけではないので、各教科等における道徳教育の成果も関連づけられるように、教科横断的な視点からもカリキュラム・マネジメントが行えるといいですね。

　働き方改革のこともあるので大きな声では勧められないのですが、年度末にカリキュラム・マネジメントを行うだけでなく、ユニット学習や総合単元的な道徳学習の実践後にも、こまめにカリキュラム・マネジメントをするというやり方もあります。年度末の最後に評価や改善をしようと思っても、どんな改善点があったのかを忘れちゃうときもありますよね(汗)。長期休暇で時間があるときなどに、こまめに単元の評価や改善して、年間指導計画に随時加筆修正しておくと、忘れずに改善することができます。そうする

と、次年度の学級編成や異動によって忙しい年度末の段階には、カリキュラム・マネジメントの大部分が済んだ状態になっていますので、余裕をもって年度末が過ごせるようになるという利点もあります。

　「さらによいカリキュラム・マネジメントの方法はないのか!?」なんて考えている、意欲旺盛な先生はおられるでしょうか。実はあります（小声）。それは、単元学習の終了後や、学期末・年度末など、実践後の段階で改善するのではありません。実践中の評価を生かして、実践の途中にリアルタイムで、目指す児童生徒像や単元の構成をカリキュラム・マネジメントしていくという方法です。

　ＰＤＣＡサイクルには、「シングル・ループ学習」という別の呼び方があるのですが、このような実践途中の改善を、「ダブル・ループ学習」といいます。少し複雑になりすぎるため、ここでは詳細を載せませんが、興味のある先生はチャレンジしてみるのも面白いのではないかと思います。当然、仕事量も増えますので、チャレンジしようと思う先生は、体調管理には十分お気を付けください。

（2）道徳科の評価

　本書では何度も、「評価」という言葉を使ってきました。「評価」といえば、通知表や指導要録に載せるような、児童生徒の学習状況の評価である、「道徳科の評価」のことを指すことが多いのですが、本書では大体、「年間指導計画を作成したり改善したりするための、児童生徒の道徳性に係る実態の評価」という意味で「評価」という言葉を使ってきました。

　ここでは、「道徳科の評価」についても考えてみたいと思います。ただし、本書の目的は年間指導計画の作り方ですから、道徳科の評価に関して詳しく知りたい場合は、別の書籍をお探しください（涙）。本書で扱うのは、これまでに考えてきた年間指導計画作りのやり方が、道徳科の評価にもつながるよ、というお話です。

　道徳科の評価では、**「個々の内容項目ごとではなく、大くくりなまとまりを踏まえた評価」** を行うことが求められています。そしてその評価は、

　・児童の考えが、一面的な見方から、より多面的・多角的な見方へと発展したか

　・道徳的価値の理解を自分自身との関わりの中で深めているか

という観点から行うことが方針として示されています。

　ただし、「大くくりのまとまり」といっても、それが何を指すのかは、詳しく示されていません。そのため各学校では、通知表の道徳科の評価を行う時期に合わせて、1学期間の学習を「大くくりのまとまり」としたり、1年間の学習を「大くくりのまとまり」としたりすることが多いようです。

　これまで本書では、目指す児童生徒像の実現に向けた単元を構成するやり方を説明してきましたが、その単元そのものが、ここでいう「大くくりのまとまり」にもなりうる、ということを紹介したいと思います。意図をもって構成した単元があるのなら、それをもって「大くくりのまとまり」とすることができます。すなわち、目指す児童生徒像に向かって学習する単元において、児童生徒はどのような学習状況だったのかを、認め励ますように評価する、というやり方も考えられるということです。

　ただし、総合単元的な道徳学習を組んだ場合は、各教科等における学習状況を評価してしまうという間違いが起きやすいですので、お気を付けください。「道徳科の評価」を書く欄なのに、「社会科では、ゴミ処理の大切さについて考えを深めていました」などと書いてしまったら、「社会科と関連づけた道徳教育」の評価ではあっても、「道徳科」の評価ではなくなってしまいます。

　年間指導計画作りの考え方が、道徳科の評価にもつながることがおわかりいただけたでしょうか？「たったこれだけじゃ、評価のことがよくわからないから、もっと評価のことを詳しく教えてほしい！」という先生は、申し訳ありませんが、別の書籍をお探しください（号泣）。

2 年間指導計画の弾力的な取り扱い

　最後に、これまでに「作り方」を説明してきた道徳科の年間指導計画について、「運用」のやり方を紹介したいと思います。

　どの教科・領域でもそうなのですが、年度当初に立てる年間指導計画には、大きな弱点があります。それは、年度当初に立てた計画である以上、その後に起こることをすべて予測した上で作ることはできない、ということです。急な問題が起きたときには、計画通りに実施できなくなることもあります。そのようなときは、どうすればよいのでしょうか。

　近年は特に、自然災害や気候の変化、事故や犯罪などの報道があったにもかかわらず、それを予防する対応を怠った学校が、大きな事件を誘発してしまって問題となることが増えています。猛暑にもかかわらず校外活動を続けたり、大怪我が起きている演目なのに運動会で実施したり、通学路で危険が指摘されている場所なのに放置して事故を防げなかったり……。

　本来ならば年間指導計画通りに実施した方がよいのですが、そのような場合には、年間指導計画で予定していた活動を変更した方がよいときがあります。例えば、安全について扱う授業を、ほかの授業と順番を入れ替えて先に行うことは、危険が身に迫っている児童に対して安全教育を行う上で、よりよい効果が期待できます。

　もちろん、意図をもってしっかり作った道徳科の年間指導計画に、意図もなく場当たり的な変更を行うことは、決してやってはいけないことなのです。しかしきちんと意図があるのなら、変更した方がよくなるときがあります。例えば、スポーツの世界大会やオリンピックが行われ、日本人選手が努力の末に素晴らしい活躍を見せてくれたとします。そのあとに行う道徳科の授業において、本来扱うはずだった教材を、そのスポーツ選手の半生について描いた自主教材に変えて授業を行うということは、児童生徒の道徳性を養う上で、一層効果が高まる可能性があります。

　年間指導計画に急な変更を行う必要性が生じた場合、児童生徒の道徳性がよりよく育つ効果が見込めるときに、年間指導計画とは異なった授業を行うことを、「弾力的な取り扱い」と言います。年間指導計画の弾力的な取り扱いには、次のような4点が考えられます。

　　・時期、時数の変更
　　・ねらいの変更
　　・教材の変更
　　・学習指導過程、指導方法の変更

これを見ると、先ほど述べた、カリキュラム・マネジメントで行う5点の内容と似ていますよね。しかし弾力的な取り扱いは、年間指導計画や総合単元的な道徳学習を、時間

をかけて作ったり、実践後にカリキュラム・マネジメントして改善するのとは、本質的に異なっています。

　基本的には、児童生徒の道徳性をよりよくするための変更ですから、内容は共通しているものが多いです。違うのは、カリキュラム・マネジメントが「時間をかけて行う変更」なのに対して、弾力的な取り扱いは、「時間があまりないときの変更」であるという点です。例えば時間がないときに、年間３５時間分の年間指導計画の構成全てをすぐに変更するのは難しいですよね。それができる方法があるのなら、わたしが知りたいくらいです。

　そういう理由で、弾力的な取り扱いの内容に、「学習指導過程，指導方法の変更」があります。現場で道徳科の授業をされている先生なら、「指導案通りに授業をやっていたら、子どもが想定外の反応をしてきたので、急きょ発問や話し合いを変えて対応した」なんて経験はありませんか？まさにそれが、弾力的な取り扱いということです。

　年間指導計画通りの授業で１年間うまくいけば、そんなに楽な話はありません。しかし残念ながら、年度当初に立てた計画通りにはいかないことがあります。そんなときに臨時で行うのが「弾力的な取り扱い」であり、時間をかけてよりよい年間指導計画を構成・改善するのが、「カリキュラム・マネジメント」です。

　弾力的な取り扱いの４点である「時期，時数の変更」「ねらいの変更」「教材の変更」「学習指導過程，指導方法の変更」を行うときは、気をつけてほしいことがあります。それは、「できるだけ、単元構成のストーリーの流れを崩さないようにする」ということです。例えば、中単元の中で、第２時と第３時を入れ替えるというのなら、大きな変更ではありません。しかし、３学期にやるはずだった授業を１学期にもってくるというのなら、学習の一連の流れがブチッと切れてしまいます。どうしてもそのような変更が必要なときは、変更後に時間をとって、そのあとの単元構成をもう一度考え直すことが望ましいと思います。

　そして、これはカリキュラム・マネジメントにおいてもそうなのですが、教科書にはない教材で授業をしようとするとき、陥りやすい失敗があります。学級で実際に起きたいじめなどの問題について、それをどうすればよいのかを話し合う、という授業を行うことです。学級で起きた問題を解決するために、弾力的に教材を変えようとしたのはわかるのですが、それは道徳科ではなく、特別活動や生徒指導の領域になります。弾力的に自主教材を作るのなら、大きな自然災害が起きたときに、その報道から防災教育の教材を作ったり、命について考える教材を作ったりすることが考えられます。

　最後にあと１つ、気をつけてほしい大切なことがあります。それは、「子どもを実験台にしない」ということです。年間指導計画を実施するときも、試しにやってみて失敗したら直す、というのでは、子どもたちがかわいそうです。弾力的な取り扱いも、よく練られた年間指導計画から外れたことを臨時に行うのですから、「しない方がよかった」となる危険性もあります。

人は失敗から学ぶとは言いますが、失敗による被害者は、大切な子どもたちです。できるだけ事前によく練った授業を行うことを心がけ、それでも変更する必要性があるときに弾力的に取り扱ってください。その場では変更せず、あとで他の先生にどうすればよかったかを相談することもできます。子どもの学びが深まるような年間指導計画ができるといいですね。

　これで、本書で扱う内容はすべて終了です。先生方が素敵なストーリーを描き、道徳性豊かな子たちを育ててくださることを願っています。

付録

［付録1］ 特別の教科道徳の目標・内容項目

小学校学習指導要領（平成29年3月告示）

第3章　特別の教科　道徳

第1　目標

　第1章総則の第1の2の(2)に示す道徳教育の目標に基づき，よりよく生きるための基盤となる道徳性を養うため，道徳的諸価値についての理解を基に，自己を見つめ，物事を多面的・多角的に考え，自己の生き方についての考えを深める学習を通して，道徳的な判断力，心情，実践意欲と態度を育てる。

第2　内容

　学校の教育活動全体を通じて行う道徳教育の要である道徳科においては，以下に示す項目について扱う。

　A　主として自分自身に関すること

　［善悪の判断，自律，自由と責任］

　　〔第1学年及び第2学年〕

　　　よいことと悪いこととの区別をし，よいと思うことを進んで行うこと。

　　〔第3学年及び第4学年〕

　　　正しいと判断したことは，自信をもって行うこと。

　　〔第5学年及び第6学年〕

　　　自由を大切にし，自律的に判断し，責任のある行動をすること。

　［正直，誠実］

　　〔第1学年及び第2学年〕

　　　うそをついたりごまかしをしたりしないで，素直に伸び伸びと生活すること。

　　〔第3学年及び第4学年〕

　　　過ちは素直に改め，正直に明るい心で生活すること。

　　〔第5学年及び第6学年〕

　　　誠実に，明るい心で生活すること。

　［節度，節制］

　　〔第1学年及び第2学年〕

　　　健康や安全に気を付け，物や金銭を大切にし，身の回りを整え，わがままをしないで，規則正しい生活をすること。

　　〔第3学年及び第4学年〕

　　　自分でできることは自分でやり，安全に気を付け，よく考えて行動し，節度のある生活をすること。

　　〔第5学年及び第6学年〕

　　　安全に気を付けることや，生活習慣の大切さについて理解し，自分の生活を見直し，節度を守り節制に心掛けること。

　［個性の伸長］

　　〔第1学年及び第2学年〕

　　　自分の特徴に気付くこと。

　　〔第3学年及び第4学年〕

　　　自分の特徴に気付き，長所を伸ばすこと。

　　〔第5学年及び第6学年〕

　　　自分の特徴を知って，短所を改め長所を伸ばすこと。

　［希望と勇気，努力と強い意志］

　　〔第1学年及び第2学年〕

　　　自分のやるべき勉強や仕事をしっかりと行うこと。

　　〔第3学年及び第4学年〕

　　　自分でやろうと決めた目標に向かって，強い意志をもち，粘り強くやり抜くこと。

　　〔第5学年及び第6学年〕

　　　より高い目標を立て，希望と勇気をもち，困難があってもくじけずに努力して物事をやり抜くこと。

　［真理の探究］

　　〔第5学年及び第6学年〕

　　　真理を大切にし，物事を探究しようとする心をもつこと。

　B　主として人との関わりに関すること

　［親切，思いやり］

　　〔第1学年及び第2学年〕

　　　身近にいる人に温かい心で接し，親切にすること。

　　〔第3学年及び第4学年〕

　　　相手のことを思いやり，進んで親切にすること。

　　〔第5学年及び第6学年〕

　　　誰に対しても思いやりの心をもち，相手の立場に立って親切にすること。

　［感謝］

　　〔第1学年及び第2学年〕

　　　家族など日頃世話になっている人々に感謝すること。

　　〔第3学年及び第4学年〕

　　　家族など生活を支えてくれている人々や現在の生活を築いてくれた高齢者に，尊敬と感謝の気持ちをもって接すること。

〔第５学年及び第６学年〕
　　日々の生活が家族や過去からの多くの人々の支え合いや助け合いで成り立っていることに感謝し，それに応えること。
〔礼儀〕
　〔第１学年及び第２学年〕
　　気持ちのよい挨拶，言葉遣い，動作などに心掛けて，明るく接すること。
　〔第３学年及び第４学年〕
　　礼儀の大切さを知り，誰に対しても真心をもって接すること。
　〔第５学年及び第６学年〕
　　時と場をわきまえて，礼儀正しく真心をもって接すること。
〔友情，信頼〕
　〔第１学年及び第２学年〕
　　友達と仲よくし，助け合うこと。
　〔第３学年及び第４学年〕
　　友達と互いに理解し，信頼し，助け合うこと。
　〔第５学年及び第６学年〕
　　友達と互いに信頼し，学び合って友情を深め，異性についても理解しながら，人間関係を築いていくこと。
〔相互理解，寛容〕
　〔第３学年及び第４学年〕
　　自分の考えや意見を相手に伝えるとともに，相手のことを理解し，自分と異なる意見も大切にすること。
　〔第５学年及び第６学年〕
　　自分の考えや意見を相手に伝えるとともに，謙虚な心をもち，広い心で自分と異なる意見や立場を尊重すること。
Ｃ　主として集団や社会との関わりに関すること
〔規則の尊重〕
　〔第１学年及び第２学年〕
　　約束やきまりを守り，みんなが使う物を大切にすること。
　〔第３学年及び第４学年〕
　　約束や社会のきまりの意義を理解し，それらを守ること。
　〔第５学年及び第６学年〕
　　法やきまりの意義を理解した上で進んでそれらを守り，自他の権利を大切にし，義務を果たすこと。
〔公正，公平，社会正義〕
　〔第１学年及び第２学年〕
　　自分の好き嫌いにとらわれないで接すること。
　〔第３学年及び第４学年〕
　　誰に対しても分け隔てをせず，公正，公平な態度で接すること。
　〔第５学年及び第６学年〕
　　誰に対しても差別をすることや偏見をもつことなく，公正，公平な態度で接し，正義の実現に努めること。
〔勤労，公共の精神〕
　〔第１学年及び第２学年〕
　　働くことのよさを知り，みんなのために働くこと。
　〔第３学年及び第４学年〕
　　働くことの大切さを知り，進んでみんなのために働くこと。
　〔第５学年及び第６学年〕
　　働くことや社会に奉仕することの充実感を味わうとともに，その意義を理解し，公共のために役に立つことをすること。
〔家族愛，家庭生活の充実〕
　〔第１学年及び第２学年〕
　　父母，祖父母を敬愛し，進んで家の手伝いなどをして，家族の役に立つこと。
　〔第３学年及び第４学年〕
　　父母，祖父母を敬愛し，家族みんなで協力し合って楽しい家庭をつくること。
　〔第５学年及び第６学年〕
　　父母，祖父母を敬愛し，家族の幸せを求めて，進んで役に立つことをすること。
〔よりよい学校生活，集団生活の充実〕
　〔第１学年及び第２学年〕
　　先生を敬愛し，学校の人々に親しんで，学級や学校の生活を楽しくすること。
　〔第３学年及び第４学年〕
　　先生や学校の人々を敬愛し，みんなで協力し合って楽しい学級や学校をつくること。
　〔第５学年及び第６学年〕
　　先生や学校の人々を敬愛し，みんなで協力し合ってよりよい学級や学校をつくるとともに，様々な集団の中での自分の役割を自覚して集団生活の充実に努めること。
〔伝統と文化の尊重，国や郷土を愛する態度〕

〔第１学年及び第２学年〕
　　我が国や郷土の文化と生活に親しみ，愛着をもつこと。
〔第３学年及び第４学年〕
　　我が国や郷土の伝統と文化を大切にし，国や郷土を愛する心をもつこと。
〔第５学年及び第６学年〕
　　我が国や郷土の伝統と文化を大切にし，先人の努力を知り，国や郷土を愛する心をもつこと。
［国際理解，国際親善］
〔第１学年及び第２学年〕
　　他国の人々や文化に親しむこと。
〔第３学年及び第４学年〕
　　他国の人々や文化に親しみ，関心をもつこと。
〔第５学年及び第６学年〕
　　他国の人々や文化について理解し，日本人としての自覚をもって国際親善に努めること。
Ｄ　主として生命や自然，崇高なものとの関わりに関すること
［生命の尊さ］
〔第１学年及び第２学年〕
　　生きることのすばらしさを知り，生命を大切にすること。
〔第３学年及び第４学年〕
　　生命の尊さを知り，生命あるものを大切にすること。
〔第５学年及び第６学年〕
　　生命が多くの生命のつながりの中にあるかけがえのないものであることを理解し，生命を尊重すること。
［自然愛護］
〔第１学年及び第２学年〕
　　身近な自然に親しみ，動植物に優しい心で接すること。
〔第３学年及び第４学年〕
　　自然のすばらしさや不思議さを感じ取り，自然や動植物を大切にすること。
〔第５学年及び第６学年〕
　　自然の偉大さを知り，自然環境を大切にすること。
［感動，畏敬の念］
〔第１学年及び第２学年〕
　　美しいものに触れ，すがすがしい心をもつこと。
〔第３学年及び第４学年〕
　　美しいものや気高いものに感動する心をもつこと。
〔第５学年及び第６学年〕
　　美しいものや気高いものに感動する心や人間の力を超えたものに対する畏敬の念をもつこと。
［よりよく生きる喜び］
〔第５学年及び第６学年〕
　　よりよく生きようとする人間の強さや気高さを理解し，人間として生きる喜びを感じること。

中学校学習指導要領（平成２９年３月告示）

第３章　特別の教科　道徳
第１　目標
　　第１章総則の第１の２の⑵に示す道徳教育の目標に基づき，よりよく生きるための基盤となる道徳性を養う
　ため，道徳的諸価値についての理解を基に，自己を見つめ，物事を広い視野から多面的・多角的に考え，人間
　としての生き方についての考えを深める学習を通して，道徳的な判断力，心情，実践意欲と態度を育てる。
第２　内容
　　学校の教育活動全体を通じて行う道徳教育の要である道徳科においては，以下に示す項目について扱う。
　Ａ　主として自分自身に関すること
　［自主，自律，自由と責任］
　　　自律の精神を重んじ，自主的に考え，判断し，誠実に実行してその結果に責任をもつこと。
　［節度，節制］
　　　望ましい生活習慣を身に付け，心身の健康の増進を図り，節度を守り節制に心掛け，安全で調和のある
　　生活をすること。
　［向上心，個性の伸長］
　　　自己を見つめ，自己の向上を図るとともに，個性を伸ばして充実した生き方を追求すること。
　［希望と勇気，克己と強い意志］
　　　より高い目標を設定し，その達成を目指し，希望と勇気をもち，困難や失敗を乗り越えて着実にやり遂
　　げること。
　［真理の探究，創造］
　　　真実を大切にし，真理を探究して新しいものを生み出そうと努めること。
　Ｂ　主として人との関わりに関すること
　［思いやり，感謝］
　　　思いやりの心をもって人と接するとともに，家族などの支えや多くの人々の善意により日々の生活や現
　　在の自分があることに感謝し，進んでそれに応え，人間愛の精神を深めること。
　［礼儀］
　　　礼儀の意義を理解し，時と場に応じた適切な言動をとること。
　［友情，信頼］
　　　友情の尊さを理解して心から信頼できる友達をもち，互いに励まし合い，高め合うとともに，異性につ
　　いての理解を深め，悩みや葛藤も経験しながら人間関係を深めていくこと。
　［相互理解，寛容］
　　　自分の考えや意見を相手に伝えるとともに，それぞれの個性や立場を尊重し，いろいろなものの見方や
　　考え方があることを理解し，寛容の心をもって謙虚に他に学び，自らを高めていくこと。
　Ｃ　主として集団や社会との関わりに関すること
　［遵法精神，公徳心］
　　　法やきまりの意義を理解し，それらを進んで守るとともに，そのよりよい在り方について考え，自他の
　　権利を大切にし，義務を果たして，規律ある安定した社会の実現に努めること。
　［公正，公平，社会正義］
　　　正義と公正さを重んじ，誰に対しても公平に接し，差別や偏見のない社会の実現に努めること。
　［社会参画，公共の精神］
　　　社会参画の意識と社会連帯の自覚を高め，公共の精神をもってよりよい社会の実現に努めること。
　［勤労］
　　　勤労の尊さや意義を理解し，将来の生き方について考えを深め，勤労を通じて社会に貢献すること。
　［家族愛，家庭生活の充実］
　　　父母，祖父母を敬愛し，家族の一員としての自覚をもって充実した家庭生活を築くこと。
　［よりよい学校生活，集団生活の充実］
　　　教師や学校の人々を敬愛し，学級や学校の一員としての自覚をもち，協力し合ってよりよい校風をつく
　　るとともに，様々な集団の意義や集団の中での自分の役割と責任を自覚して集団生活の充実に努めること。
　［郷土の伝統と文化の尊重，郷土を愛する態度］
　　　郷土の伝統と文化を大切にし，社会に尽くした先人や高齢者に尊敬の念を深め，地域社会の一員として
　　の自覚をもって郷土を愛し，進んで郷土の発展に努めること。
　［我が国の伝統と文化の尊重，国を愛する態度］
　　　優れた伝統の継承と新しい文化の創造に貢献するとともに，日本人としての自覚をもって国を愛し，国
　　家及び社会の形成者として，その発展に努めること。
　［国際理解，国際貢献］
　　　世界の中の日本人としての自覚をもち，他国を尊重し，国際的視野に立って，世界の平和と人類の発展
　　に寄与すること。
　Ｄ　主として生命や自然，崇高なものとの関わりに関すること
　［生命の尊さ］
　　　生命の尊さについて，その連続性や有限性なども含めて理解し，かけがえのない生命を尊重すること。
　［自然愛護］
　　　自然の崇高さを知り，自然環境を大切にすることの意義を理解し，進んで自然の愛護に努めること。
　［感動，畏敬の念］
　　　美しいものや気高いものに感動する心をもち，人間の力を超えたものに対する畏敬の念を深めること。
　［よりよく生きる喜び］
　　　人間には自らの弱さや醜さを克服する強さや気高く生きようとする心があることを理解し，人間として
　　生きることに喜びを見いだすこと。

［付録２］内容項目一覧表

	小学校第1学年及び第2学年 （19）	小学校第3学年及び第4学年 （20）
A　主として自分自身に関すること		
善悪の判断，自律，自由と責任	(1)よいことと悪いこととの区別をし，よいと思うことを進んで行うこと。	(1)正しいと判断したことは，自信をもって行うこと。
正直，誠実	(2)うそをついたりごまかしをしたりしないで，素直に伸び伸びと生活すること。	(2)過ちは素直に改め，正直に明るい心で生活すること。
節度，節制	(3)健康や安全に気を付け，物や金銭を大切にし，身の回りを整え，わがままをしないで，規則正しい生活をすること。	(3)自分でできることは自分でやり，安全に気を付け，よく考えて行動し，節度のある生活をすること。
個性の伸長	(4)自分の特徴に気付くこと。	(4)自分の特徴に気付き，長所を伸ばすこと。
希望と勇気，努力と強い意志	(5)自分のやるべき勉強や仕事をしっかりと行うこと。	(5)自分でやろうと決めた目標に向かって，強い意志をもち，粘り強くやり抜くこと。
真理の探究		
B　主として人との関わりに関すること		
親切，思いやり	(6)身近にいる人に温かい心で接し，親切にすること。	(6)相手のことを思いやり，進んで親切にすること。
感謝	(7)家族など日頃世話になっている人々に感謝すること。	(7)家族など生活を支えてくれている人々や現在の生活を築いてくれた高齢者に，尊敬と感謝の気持ちをもって接すること。
礼儀	(8)気持ちのよい挨拶，言葉遣い，動作などに心掛けて，明るく接すること。	(8)礼儀の大切さを知り，誰に対しても真心をもって接すること。
友情，信頼	(9)友達と仲よくし，助け合うこと。	(9)友達と互いに理解し，信頼し，助け合うこと。
相互理解，寛容		(10)自分の考えや意見を相手に伝えるとともに，相手のことを理解し，自分と異なる意見も大切にすること。
C　主として集団や社会との関わりに関すること		
規則の尊重	(10)約束やきまりを守り，みんなが使う物を大切にすること。	(11)約束や社会のきまりの意義を理解し，それらを守ること。
公正，公平，社会正義	(11)自分の好き嫌いにとらわれないで接すること。	(12)誰に対しても分け隔てをせず，公正，公平な態度で接すること。
勤労，公共の精神	(12)働くことのよさを知り，みんなのために働くこと。	(13)働くことの大切さを知り，進んでみんなのために働くこと。
家族愛，家庭生活の充実	(13)父母，祖父母を敬愛し，進んで家の手伝いなどをして，家族の役に立つこと。	(14)父母，祖父母を敬愛し，家族みんなで協力し合って楽しい家庭をつくること。
よりよい学校生活，集団生活の充実	(14)先生を敬愛し，学校の人々に親しんで，学級や学校の生活を楽しくすること。	(15)先生や学校の人々を敬愛し，みんなで協力し合って楽しい学級や学校をつくること。
伝統と文化の尊重，国や郷土を愛する態度	(15)我が国や郷土の文化と生活に親しみ，愛着をもつこと。	(16)我が国や郷土の伝統と文化を大切にし，国や郷土を愛する心をもつこと。
国際理解，国際親善	(16)他国の人々や文化に親しむこと。	(17)他国の人々や文化に親しみ，関心をもつこと。
D　主として生命や自然，崇高なものとの関わりに関すること		
生命の尊さ	(17)生きることのすばらしさを知り，生命を大切にすること。	(18)生命の尊さを知り，生命あるものを大切にすること。
自然愛護	(18)身近な自然に親しみ，動植物に優しい心で接すること。	(19)自然のすばらしさや不思議さを感じ取り，自然や動植物を大切にすること。
感動，畏敬の念	(19)美しいものに触れ，すがすがしい心をもつこと。	(20)美しいものや気高いものに感動する心をもつこと。
よりよく生きる喜び		

小学校第5学年及び第6学年（22）	中学校 （22）	
A 主として自分自身に関すること		
(1)自由を大切にし，自律的に判断し，責任のある行動をすること。	(1)自律の精神を重んじ，自主的に考え，判断し，誠実に実行してその結果に責任をもつこと。	自主，自律，自由と責任
(2)誠実に，明るい心で生活すること。		
(3)安全に気を付けることや，生活習慣の大切さについて理解し，自分の生活を見直し，節度を守り節制に心掛けること。	(2)望ましい生活習慣を身に付け，心身の健康の増進を図り，節度を守り節制に心掛け，安全で調和のある生活をすること。	節度，節制
(4)自分の特徴を知って，短所を改め長所を伸ばすこと。	(3)自己を見つめ，自己の向上を図るとともに，個性を伸ばして充実した生き方を追求すること。	向上心，個性の伸長
(5)より高い目標を立て，希望と勇気をもち，困難があってもくじけずに努力して物事をやり抜くこと。	(4)より高い目標を設定し，その達成を目指し，希望と勇気をもち，困難や失敗を乗り越えて着実にやり遂げること。	希望と勇気，克己と強い意志
(6)真理を大切にし，物事を探究しようとする心をもつこと。	(5)真実を大切にし，真理を探究して新しいものを生み出そうと努めること。	真理の探究，創造
B 主として人との関わりに関すること		
(7)誰に対しても思いやりの心をもち，相手の立場に立って親切にすること。	(6)思いやりの心をもって人と接するとともに，家族などの支えや多くの人々の善意により日々の生活や現在の自分があることに感謝し，進んでそれに応え，人間愛の精神を深めること。	思いやり，感謝
(8)日々の生活が家族や過去からの多くの人々の支え合いや助け合いで成り立っていることに感謝し，それに応えること。		
(9)時と場をわきまえて，礼儀正しく真心をもって接すること。	(7)礼儀の意義を理解し，時と場に応じた適切な言動をとること。	礼儀
(10)友達と互いに信頼し，学び合って友情を深め，異性についても理解しながら，人間関係を築いていくこと。	(8)友情の尊さを理解して心から信頼できる友達をもち，互いに励まし合い，高め合うとともに，異性についての理解を深め，悩みや葛藤も経験しながら人間関係を深めていくこと。	友情，信頼
(11)自分の考えや意見を相手に伝えるとともに，謙虚な心をもち，広い心で自分と異なる意見や立場を尊重すること。	(9)自分の考えや意見を相手に伝えるとともに，それぞれの個性や立場を尊重し，いろいろなものの見方や考え方があることを理解し，寛容の心をもって謙虚に他に学び，自らを高めていくこと。	相互理解，寛容
C 主として集団や社会との関わりに関すること		
(12)法やきまりの意義を理解した上で進んでそれらを守り，自他の権利を大切にし，義務を果たすこと。	(10)法やきまりの意義を理解し，それらを進んで守るとともに，そのよりよい在り方について考え，自他の権利を大切にし，義務を果たして，規律ある安定した社会の実現に努めること。	遵法精神，公徳心
(13)誰に対しても差別をすることや偏見をもつことなく，公正，公平な態度で接し，正義の実現に努めること。	(11)正義と公正さを重んじ，誰に対しても公平に接し，差別や偏見のない社会の実現に努めること。	公正，公平，社会正義
(14)働くことや社会に奉仕することの充実感を味わうとともに，その意義を理解し，公共のために役に立つことをすること。	(12)社会参画の意識と社会連帯の自覚を高め，公共の精神をもってよりよい社会の実現に努めること。	社会参画，公共の精神
	(13)勤労の尊さや意義を理解し，将来の生き方について考えを深め，勤労を通じて社会に貢献すること。	勤労
(15)父母，祖父母を敬愛し，家族の幸せを求めて，進んで役に立つことをすること。	(14)父母，祖父母を敬愛し，家族の一員としての自覚をもって充実した家庭生活を築くこと。	家族愛，家庭生活の充実
(16)先生や学校の人々を敬愛し，みんなで協力し合ってよりよい学級や学校をつくるとともに，様々な集団の中での自分の役割を自覚して集団生活の充実に努めること。	(15)教師や学校の人々を敬愛し，学級や学校の一員としての自覚をもち，協力し合ってよりよい校風をつくるとともに，様々な集団の意義や集団の中での自分の役割と責任を自覚して集団生活の充実に努めること。	よりよい学校生活，集団生活の充実
(17)我が国や郷土の伝統と文化を大切にし，先人の努力を知り，国や郷土を愛する心をもつこと。	(16)郷土の伝統と文化を大切にし，社会に尽くした先人や高齢者に尊敬の念を深め，地域社会の一員としての自覚をもって郷土を愛し，進んで郷土の発展に努めること。	郷土の伝統と文化の尊重，郷土を愛する態度
	(17)優れた伝統の継承と新しい文化の創造に貢献するとともに，日本人としての自覚をもって国を愛し，国家及び社会の形成者として，その発展に努めること。	我が国の伝統と文化の尊重，国を愛する態度
(18)他国の人々や文化について理解し，日本人としての自覚をもって国際親善に努めること。	(18)世界の中の日本人としての自覚をもち，他国を尊重し，国際的視野に立って，世界の平和と人類の発展に寄与すること。	国際理解，国際貢献
D 主として生命や自然，崇高なものとの関わりに関すること		
(19)生命が多くの生命のつながりの中にあるかけがえのないものであることを理解し，生命を尊重すること。	(19)生命の尊さについて，その連続性や有限性なども含めて理解し，かけがえのない生命を尊重すること。	生命の尊さ
(20)自然の偉大さを知り，自然環境を大切にすること。	(20)自然の崇高さを知り，自然環境を大切にすることの意義を理解し，進んで自然の愛護に努めること。	自然愛護
(21)美しいものや気高いものに感動する心や人間の力を超えたものに対する畏敬の念をもつこと。	(21)美しいものや気高いものに感動する心をもち，人間の力を超えたものに対する畏敬の念を深めること。	感動，畏敬の念
(22)よりよく生きようとする人間の強さや気高さを理解し，人間として生きる喜びを感じること。	(22)人間には自らの弱さや醜さを克服する強さや気高く生きようとする心があることを理解し，人間として生きることに喜びを見いだすこと。	よりよく生きる喜び

【著者紹介】

中野　真悟（なかの　しんご）

愛知県公立小学校教諭。光村図書 教科用図書「道徳」編集委員。
道徳教育の実践研究を行ったり、よりよい道徳科の年間指導計画を作るために
道徳教育に関する様々な学会で研究したりしている。

＜所属学会＞
　日本道徳教育学会　日本道徳教育方法学会　日本生徒指導学会
　日本特別活動学会　日本カリキュラム学会　日本教育心理学会
　日本発達心理学会　日本キャリア教育学会　日本学校カウンセリング学会

＜主な学術論文＞
・「規範意識に基づく向社会性を高める道徳教育と関連づけた生徒指導実践」
　『生徒指導学研究』（日本生徒指導学会）第12号，2013年
・「指導計画作りにおける主題の配列法に関する一考察」
　『道徳と教育』（日本道徳教育学会）第335号，2017年
・「高齢者と主体的に関わろうとする児童を育てる交流活動」
　『日本特別活動学会紀要』（日本特別活動学会）第26号，2018年
・「主体的に人のために働こうとする児童を育てるキャリア教育」
　『日本特別活動学会紀要』（日本特別活動学会）第27号，2019年
・「年間指導計画のカリキュラム・マネジメントに関する組織学習」
　『道徳と教育』（日本道徳教育学会）第338号，2020年

＜主な受賞歴＞
・第19回上廣道徳教育賞　中学校の部優秀賞，2011年
・第24回上廣道徳教育賞　小学校の部優秀賞，2016年
・日本生徒指導学会　研究奨励賞（執筆部門・発表部門），2019年

研究授業の単元も作れるようになる！

道徳科のカリキュラム・マネジメントを実現する年間指導計画作り

令和2年5月1日　発行

著　者　中　野　真　悟

イラスト　yukimilk

発 行 所　株式会社　溪水社
　　　　　広島市中区小町1-4（〒730-0041）
　　　　　電　話（082）246-7909 ／ FAX（082）246-7876
　　　　　e-mail: info@keisui.co.jp

ISBN978-4-86327-520-1　C3037